以王道示大學永續經營

陽明交通大學永續創新之路

Wangdao-Based University Management
An Exploration of the Path to Sustainable Innovation at National Yang Ming Chiao Tung University

蘇信寧 主編

榮譽顧問 施振榮 董事長

本書由「國立陽明交通大學管理學院」、
「國立陽明交通大學王道經營管理研究中心」、
「智榮基金會」共同出版

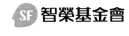

主編序

　　國立陽明大學與國立交通大學於 2021 年 2 月 1 日正式合併為國立陽明交通大學，過去以來，國立陽明大學積極培育醫牙藥護、生醫工程與醫學人文等專業人才，而國立交通大學培養資訊、科學、工程與管理等領域之頂尖人才，兩校之發展重點互補性高，使合併後之國立陽明交通大學具備整合醫學與工程之跨領域創新能耐，並將在全球之智慧醫療領域扮演關鍵角色。

　　有鑑於此，國立陽明交通大學於合校完成之初，林奇宏校長積極思考如何提升學校於教學、研究、服務之品質，並提出「一樹百穫」計畫，以提升大學經營品質、促進校務永續治理，以及擴大社會影響力。為達上述之目的，國立陽明交通大學進行品質管理方法之分析與評估，透過訪談清大、北醫、元智、淡江等已經執行全面品質管理計畫的學校的相關人員，了解上述四個大學過去推動品質管理方法之經驗是否合適甫成立之國立陽明交通大學。

　　另一方面，宏碁創辦人暨智榮基金會創辦人施振榮董事長於現階段臺

灣面對全球化競爭的關鍵時刻，提出「王道」理念與思維，其三大核心信念為「創造價值」、「利益平衡」、「永續經營」，並以「六面向價值總帳論」來評估事物之價值，其分為顯性價值：「有形」、「直接」、「現在」；以及隱性價值：「無形」、「間接」、「未來」。施董事長長期致力於推動「王道」思維，希望透過「王道」來促進臺灣永續發展與競爭力。而「王道」之理念，與國立陽明交通大學合校目的（引領高教改革、符合社會需求、善盡大學社會責任、重塑新校之學術組織）之概念互相吻合，因此國立陽明交通大學亦思考如何於校務永續發展之過程中建構出以「王道」為基礎之組織文化，以達到永續治理與善盡社會責任之目的。

本書記載國立陽明交通大學分析品質管理方法應用於校務經營，乃至於評估如何將「王道」文化融入校務經營，希望為國立陽明交通大學務實思考未來如何推動品質提升策略以達到永續治理之過程留下紀錄，並提供面臨大學合併、產業轉型、企業創新、個人競爭力提升之讀者參考。本書分有八個章節，結構如下：

第一章計畫背景，有鑑於 2021 年國立陽明交通大學新合併成立，以新型態的樣貌呈現，冀為新社會辨析關鍵契機與為新世代擘劃願景，進而促進國家的創新與發展。為達成此目標，新型態的國立陽明交通大學除在

既有的核心領域謀求最大成果之外，同時應以最小化干預之機制提升校務發展，使之具備永續創新之能量。有鑑於此，國立陽明交通大學提出「一樹百穫」計畫，並啟動「全面品質管理」計畫，期望透過科學方法與策略性途徑達成最小干預提升校務發展之目標。為此，本計畫針對「全面品質管理」落實與導入本校之可行性進行評估，透過訪談四所曾導入「全面品質管理」並獲得國家品質獎肯定之大學，分析導入過程與結果可能面臨之優缺點、挑戰與風險，進而對本校提出相關建議，供決策之參考。

第二章為全面品質管理之歷史沿革與意義，共有兩部分，包括全面品質管理的歷史緣起以及全面品質管理之意義。歷史沿革講述品質管理的歷史最早可追溯至西元前，從一開始的品質檢驗階段開始改革至品質管制階段，而後進化到品質保證階段，直至 1980 年後才演變成我們熟知的「全面品質管理」。此部分細述各個階段的發展，可以看出品質管理方法的進步歷程，且將品質管理方法各階段予以比較。第二部分全面品質管理之意義，則是整合各學者對全面品質管理之解釋，將全面品質管理的各個字詞拆解做分析與定義。

第三章為全面品質管理之核心原則與特性，共分為三個段落，前兩部分統整了過往學者對於全面品質管理之原則與特性的理解，後續部分則講

述了全面品質管理中檢測品質管理之重要工具。首段中條列了五項全面品質管理之重要特性,分別為:顧客導向、高層管理者之領導與支持、全員之參與、重視教育與訓練以及加強團隊合作與協調合作。第二段比較了三位知名學者所提出之全面品質管理理論,並整理其對應到的全面品質管理之核心內涵。接續部分則解釋了全面品質管理之重要概念,PDCA 循環中各步驟的原理,並於最後補充如何完善全面品質管理系統並達到持續改進之目的。

第四章為全面品質管理落實於高等教育的理念與實例,首先,針對全面品質管理落實於高等教育之理論概念包括理念、原則與目標進行說明;接著,彙整學者專家的論述相關高等教育在推動全面品質管理之策略;最後以曾獲得國家品質獎之國立清華大學、臺北醫學大學、淡江大學與元智大學四所大學為標竿案例,探討國內大專院校推動高等教育全面品質管理之歷程與架構。本章節希冀為高等教育決策者提供參考依據,使其於導入或改善全面品質管理時,能快速擬定實施策略,發揮組織整體功能,方能提升教育品質、強化經營績效與競爭優勢,朝向永續發展的目標邁進。

第五章為全面品質管理落實於高等教育的困境與挑戰,共分為五個段落。首先,藉由過去全面品質管理實施案例,針對高等教育校園落實全面

品質管理面臨之問題、困境及實施障礙進行資料蒐集及統整討論；接著，透過資料統計，分析實行全面品質管理之潛在風險因素，歸納出核心問題；最後，將過去企業界與教育界導入品質管理失敗之案例統整做為借鏡，避免落入相同困境。

第六章為計畫執行，共分為三個段落，分別講述本次計畫執行之目標，目前陽明交通大學之組織現況以及實際研究之方法。根據過往文獻得知，全面品質管理是否能運用於高等教育環境尚待確認，因此本次計畫預計透過各項研究探討陽明交大引入全面品質管理之可行性，並推測導入之過程與結果，以及可能面臨之各項情形。接續部分則整理了目前陽明交大現行之組織架構，並描述本次計畫之流程。後續則具體講解了各流程之研究方法，主要為透過實際相關案例與文獻進行分析，且透過與專家訪談已得知其特定想法，並於最後舉辦座談會廣邀專家學者提出看法並予以陽明交大建議。

第七章為研究成果，為針對「全面品質管理」導入國立陽明交通大學進行可行性評估之成果，以了解導入全面品質管理過程中可能會面臨到的優缺點、挑戰與風險等，共有 5 個小節。本章透過相關文獻回顧及計畫執行中的訪談紀錄與座談紀錄再進一步歸納，其中第一節旨在探討全面品質

管理之學校應用,第二、三節分別透過角色面向與功能面向進行可行性分析,第四、五節則收錄訪談結果、座談會討論與共識。研究分析成果提供給陽明交大之決策者參考,以供未來導入全面品質管理時,可提升效益,並減少成本與風險

　　第八章為全面品質管理實施規劃,先介紹國立陽明大學與國立交通大學合併的目的與願景,進而帶出一樹百穫計畫的十大行動綱領,以說明併校後的教育方針。接著說明執行全面品質管理的 18 項實施原則,以達成上述行動綱領。接著說明執行之預定步驟,從觀念宣導、架構制定、成立相關權責單位,到導入全面品質管理後的績效評估,此四步驟有助階段性且全面地實現陽明交通大學全面品質管理。

主編簡介

蘇信寧

美國伊利諾理工學院機械材料與航太工程研究所博士，國立臺灣大學化學研究所碩士，現職為國立陽明交通大學科技管理研究所教授，兼任管理學院 AACSB 執行長、後 EMBA 執行長與王道經營管理研究中心副主任，亦擔任經濟部商業司計畫審查委員、經濟部國貿局計畫審查委員、工研院品質典範案例評選委員、國科會計畫審查委員、「科技管理學刊」（TSSCI）執行編輯與智財與大數據領域主編，International Journal of Technology Intelligence and Planning 編輯委員。共發表期刊論文 48 篇，研討會論文 143 篇，研究成果見於 Technovation、R&D management、IEEE Transactions on Engineering Management、Technological Forecasting & Social Change 等國際期刊。教學課程開授於科技管理研究所碩博士班、EMBA、醫學系等。致力於科技管理與永續治理之理論研究與應用實務，並以建構跨領域之永續創新思維為本人志業。研究興趣橫跨「王道經營管理」、「ESG 永續治理」、「科技創新管理」、「巨量資料分析與管理」、「智慧財產管理」等相關領域。希望在傳統科技管理領域中系統性架構出跨領域永續創新智慧，並透過此創新智慧培育學生跨領域素養、提升企業永續競爭力與加速產業升級為終生職志。

作者簡介

蘇信寧

（見「主編簡介」）

鍾惠民

美國密西根州立大學經濟博士，現職為國立陽明交通大學管理學院院長暨資財系教授，王道經營管理研究中心 (sustainability leadership research center) 主任，證券市場發展季刊主編與公司治理國際期刊（ *Corporate Governance: An International Review, SSCI* ）主編。主要工作經歷為國立交通大學 EMBA 學程主任兼執行長。鍾教授具有廣泛的研究興趣，研究成果包含公司治理、高科技公司管理和金融市場等。並在 EMBA 高管教育和博士課程中廣泛任教。鍾教授為高科技公司、數位金融和創業投資開發了有關財務管理的課程和案例，並與劉助博士合作推動高階主管的商業模式分析課程。

周蘊慈

國立陽明交通大學科技管理研究所碩士、國立清華大學計量財務金融學系學士。喜歡書籍、喜歡溫泉，也喜歡與蘇信寧老師、同學們做研究的時光。研究興趣為專利巨量資料分析與統計、策略管理與產業分析。研究成果發表於科技管理學會年會暨論文研討會、中國工業工程學會年會暨學術研討會及ASIALICS。

阮紅玉

國立陽明交通大學科技管理研究所博士，研究專長為創意創新創業管理、消費者行為、地方創生及永續發展策略。研究成果主要發表於 *SSCI*、*TSSCI* 期刊及國內外研討會，並榮獲科技管理年會暨論文研討會及崇越論文大賞論文獎的肯定。

黃煜淳

國立陽明交通大學科技管理研究所碩士、國立政治
大學外交學系學士輔修法律學系。研究興趣為知識
管理、科技管理、專利管理、創新管理、企業分析
與發展策略。研究成果發表於中華民國科技管理學
會年會暨論文研討會，並獲得科技管理博碩士論文
獎優等獎。

李欣秝

國立陽明交通大學科技管理所碩士，國立陽明交通
大學傳播與科技系學士。研究興趣為專利巨量資
料分析、專利統計與創新策略、創新管理、策略
管理。研究成果發表於科技管理學會年會暨論文
研討會、中國工業工程學會年會暨學術研討會及
ASIALICS，並獲得科技管理碩博士論文獎佳作獎。

許齡芸

國立陽明交通大學科技管理研究所碩士、國立臺灣大學電子工程研究所碩士、國立交通大學電機資訊學士。研究興趣為科技管理、資訊管理、專利統計與創新策略、產業分析與發展策略。曾任聯發科技工程師，致力將工程背景所學及工作經驗與管理知識結合。

詹華霆

國立陽明交通大學管理科學系學士。主修企業策略管理與資訊管理並輔以行銷與生產管理，就學期間曾接觸並學習全面品質管理之相關知識；研究專題內容係針對特斯拉公司進行策略探討，目前致力往資料管理、數據分析及永續經營管理等方面發展。曾參與中國銀行暑期實習計畫、陽明交通大學與玉山銀行合作之產學專案企劃。

陳皓辰

國立陽明交通大學管理科學系碩士，國立陽明交通大學管理科學學士。曾參與多個專案計畫，包含新興科技產業分析、組織人事規劃以及專案導入流程優化。主要研究興趣為策略管理、科技管理及創新創業等。

陳冠蓉

國立陽明交通大學科技管理研究所碩士，國立清華大學外國語文學系學士，積極參與各項研究活動，曾至德國杜賓根大學擔任交換學生，遊歷歐洲多國，體驗異國文化和增添人生閱歷。

梁國珊

國立陽明交通大學科技管理研究所碩士，國立臺灣大學工商管理系學士。現任國票期貨股份有限公司之期貨營業員，曾任臺灣應用材料股份有限公司之台積電客戶服務部門業務助理，研究興趣為金融科技。

目次

Wangdao-Based University Management

第一章

計畫背景

　　2021 年國立陽明大學與國立交通大學合併為「國立陽明交通大學」，這一所新型態之大學將為新世代與新社會辨識未來關鍵契機與擘劃願景，凝聚師生校友之力，促進國家的創新與永續發展。

　　新型態的國立陽明交通大學除了在既有「教學」、「研究」、「服務」等專業核心領域中謀求最大成就外，同時也應與所有利害關係人保持良好互動，以明確與最小化干預之機制提升校務發展，不間斷地進行持續性創新，使國立陽明交通大學具備永續創新之能量，並帶動國家發展。

　　有鑑於此，國立陽明交通大學於「一樹百穫」計畫提出「同行致遠——永續治理與全面品質管理」。透過啟動「全面品質管理」（Total Quality Management, TQM）（nycusp21, 2021），使本校之管理模式能以學生與社會之需求為中心，透過全員參與並採用科學方法與工具，以策略性途徑達到持續進步與永續發展之目的。

　　為了解「全面品質管理」未來於本校落實之利弊得失，本書針對「全面品質管理」導入國立陽明交通大學之可行性進行評估，以了解導入過程與結果可能面臨到的優缺點、挑戰與風險等。

　　本計畫訪談清大、元智、淡江與北醫四所曾經導入「全面品質管理」

並獲得國家品質獎肯定之大學，並透過專家座談會來凝聚專家共識，以了解具導入經驗之學校過去的推動經驗及本校的核心需求，進而對本校推動「全面品質管理」提出建議，以供本校未來推動「全面品質管理」時之決策參考。

Wangdao-Based *University Management*

第二章

全面品質管理之
歷史沿革與意義

　　品質管理的歷史最早可追溯至西元前，而在 20 世紀時開始劇烈的演進。其過程由 1924 年之前的檢驗階段（inspect era）開始改革至管制階段（control era），並在 1950 年後進化到保證階段（assurance era），直至 1980 年後集大成為如今眾人所熟知的「全面品質管理」（total quality management era）。

一、歷史緣起

　　約在西元前 1800 年的「漢摩拉比」（*Hammararbi*）法典中，就已經開始針對「產品與服務品質」制定相關的民刑法義務。直到十二世紀到十七世紀，商人團體於歐洲籌組「基爾特組織」（Guild），更進一步保證產品品質。（王克捷，1987）

1）品質檢驗階段（the quality inspect era）——1924 年之前

　　在品質檢驗階段中，主要使用「事後檢驗」的方法進而維持產品品質。普遍將此階段分為三種類別，分別是作業員品管（operator quality control），領班品管（foreman quality control）以及檢驗員品管（inspection quality control）。

- **作業員品管**

    產品的生產與服務的提供皆來自於個人或一個小組，他們必須自己同時決定品質標準與負責品管檢驗。

- **領班品管**

    適逢科學管理方法興起，標準化（standardization）、簡單化（simplification）和專業化（specialization）的 3s 運動逐漸受到重視。因此，產品的生產與服務的提供通常是由多數人集合作業，並由一位領班負責監督產品品質。

- **檢驗員品管**

    生產方式與工廠組織日趨龐雜，分別將生產工作與檢驗工作分開處理，而產品品質必須委託受過特別訓練的專責檢驗人員以檢驗產品品質（陳啟榮，2015）。

2）統計品管階段（the quality control era）──1924～1950 年

　　美國貝爾實驗室物理學家 Walter Shewhart 曾經為文指出：變異（variations）是生活中不可避免的事實，並在同年發表《製造產品品質的

經濟管制》（*Economic control of quality manufactured product*）（Teigland, 1993），開啟了應用統計方法從事品質管制的時代。該階段以利用統計理論為基礎，以管制圖、抽樣檢驗、實驗控制、推論統計與變異數分析等為工具進行品質管理的工作，而其最大的貢獻是運用「抽樣檢驗」代替「普查檢驗」，因而節省檢驗成本與提升檢驗效率（陳啟榮，2015）。

3）品質保證階段（the quality assurance era）——1950～1980 年

1950 年代，W. E. Deming 赴日訪問與進行一系列品質管理演講，引起廣大迴響。此外，J. M. Juran 亦訪問日本，協助其以品質管理的方式來重塑日本企業界，使日本產品可以前進世界市場（陳玉君、呂美霓，2002）。就此，兩者的品質管理理念受到日本產業界的接受，發展出品管圈（quality circles）的技術，使得日本品牌高品質的產品攻佔國際市場，成為舉世矚目的焦點。

1960 年代，美國品質管制專家 A. V. Feigenbaum 首創「全面品質管制」的名詞，提出品質保證的定義：生產優質的產品，同時也必須考慮到使用者安全與尊重生命的需求。因此，品質管制必須藉由全面的管理達成，更是組織中每個部門的責任，確定品質是全面管理出來的信念。

1970 年代，品管圈之父——K. Ishikawa 提倡因果圖或稱魚骨圖

（fishbone plots），開始考慮最原始的影響因素（吳清山、林天祐，1994）。由上可知，此階段的品質保證是藉由「事前預防出來」的方式達成，但仍處於消極防衛性的方式，非採取積極主動性的品質管制措施（陳啟榮，2015）。

4）全面品質管理階段（the total quality management era）——1980 迄今

1980 年代，全面品質管理的理論體系於美國更臻成熟。1985 年，透過美國國家廣播公司（NBC）的報導指出，美國與日本經濟強國實施全面品質管理的經驗逐漸成熟，引起美國各行各業熱烈研討。其後，美國官方政府透過政府機構，建立相關的名詞與制度，為政府推行全面品質管理開啟了成功之門。

1990 年代，全面品質管理成功的經驗，引起了各國適用在教育改革的關注，相關理論的探討及應用蔚為風潮，不僅研究其在高等教育的適用性，也逐漸擴及職業教育、教育行政、學校經營、班級經營等方面的研究與應用。最後，美國政府亦透過建立獎項，鼓勵學校適用全面品質管理制度（黃振育，2005）。

5）各階段總結

全面品質管理起源於美國的品質管理理念，也進一步幫助日本獲致成功的品質管理，而後再傳回美國被企業界、政府機構及教育界等採用，企圖以全面品質管理作為改進服務品質、產品品質及組織經營的管理方法。總體而言，全面品質管理經過四個階段的演進，更進一步要求組織的全體成員「共同參與」及「持續改善品質」，藉由不斷的學習成長以滿足顧客的需求和期望。

在組織經營策略管理的制度方面，從品質檢驗（QI）、品質管制（QC）到品質保證（QA），再至全面品質管理（TQM）階段，每一階段的品質管理觀念，除了含括前一階段的基本概念，甚且又加以延伸擴展，成為一個組織革新之動態歷程。表 2-1 主要在描繪品質觀念在各階段演進之關係（莊淇銘等，2000）。

表 2-1：品質管理方法的演進

品質管理方法	內涵	品質管理理念	失敗成本	
			內部	外部
QI	成品檢驗	作業員品管 領班品管 檢驗員品管	高	高
QC	生產過程品管 成品檢驗	品管部部門人員負責	中	中
QA	設計品管 生產過程品管 成品檢驗	品管部部門人員負責	中	中低
TQM	規劃品管 設計品管 生產過程品管 成品檢驗 售後服務 顧客滿意	全員投入	低	低

資料來源：修改自莊淇銘等（2000）

二、全面品質管理之意義

全面品質管理是以**顧客需求**為中心，透過**全員參與**，採用科學方法與工具，以有策略的途徑，**持續改進**的一套方法。在其追求持續改進下，可以整合基本之管理技術、現有之改進努力以及各項技術工具（吳定等，1995）。

許多學者將全面品質管理分別針對各別字詞做分析與定義。「全面」意謂著**所有與組織相關的成員**共同參與並持續改善，以及綜合所有企業功能（Ho, 1999；Richardson, 1997）。將這樣的組織管理方法套用在教育機構內，全員參與則是組織內所有成員（如：家長、老師、學生、行政人員等）共同合作，來達成顧客要求的一種承諾（Fields, 1993）。

「品質」意謂著活動的過程、結果和服務都能**達成消費者的期待**及符合標準（吳清山、林天祐，1994）。而當顧客的需求被滿足，能使組織成員與社會共蒙其利。

「管理」則是**改進、維護企業系統及相關程序和活動**，以有效達成品質目標的手段與方法，亦是管理者對組織的承諾（吳清山、林天祐，1994；Ho, 1999；Richardson, 1997）。

　　而全面品質之「整體意義」即是一種為了達成組織目標的全面性作法，事先安排與設計，使所有單位、人員都投入持續不斷的品質改進，以滿足消費者的需求，並著眼於長期成功為基礎（吳清山、林天祐，1994）且因其持續改進的特性，在教育機構中，提供給其實用的工具，以滿足並超越現在與未來顧客的需求與期望（Edward, 1993）。

　　而其他學者針對全面品質管理的「品質」，有更進一步的闡述：

　　第一，「品質」是指兼顧「管理的品質」與「品質的管理」，前者指各階層的管理者們管理行為的品質，後者指與品質有關事務的管理（林公孚，2007）。

　　第二，品質承諾與品質責任原點化，是指釐清品質缺陷發生的原因，將其回歸個人的品質責任，並消除潛在問題（《品質月刊》，2009）。

　　第三，從尊重人性的角度，將品質融入對員工的待遇（林公孚，2010）。最後，制訂統一標準與品質管理法規，形成保證產品的製作品質之製造管理。

Wangdao-Based University Management

第三章

全面品質管理之核心原則與特性

一、全面品質管理之五大特性

在特性層面，吳定（1995）整理並歸納眾多學者的資料，條列了五項全面品質管理的特性，分別為：顧客導向、高層管理者之領導與支持、全員之參與、重視教育與訓練、加強團隊合作、協調合作。

1）顧客導向

- **讓員工積極地察覺顧客之基本需求。**

- **了解並滿足目標客群的需求。**

- **明確界定顧客與供應者。**

2）高層管理者之領導與支持

- **高層管理者應建立一種鼓勵改變、革新、冒險之精神。**

- **高階主管應了解以品質為策略核心規劃方法，有效領導全員完成目標。**

3）全員之參與

- **組織中每位成員均應具有力求品質改善之觀點、達成目標之工具與技術組織內全員參與，共同協調、溝通與合作。**

- 落實執行至每位基層人員。

4）重視教育與訓練

- 應對全體成員不斷進行教育訓練，並向其灌輸「第一次就做好做對」、「追求零缺點」之觀念。

5）加強團隊合作、協調合作

- 組織必須使員工可以自主地決定與改善其所從事之工作，並認識及解決品質問題，特別需要團隊工作與所有相關成員之通力合作。

二、全面品質管理原則統整

　　針對過去學者對全面品質管理之原則及意涵整理如表 3-1：

▌表 3-1：各學者與其提出之管理原則彙整

學者	全面品質管理之原則
William Edwards Deming （1986）	Deming 針對全面品質管理提出十四點管理原則，此為組織欲達成品質目標所必須遵循，原則如下： 1）建立持續改善的目標。 2）採取新的品質管理哲學。 3）停止仰賴大量的檢視以獲得品質。 4）終止短期價值導向的商業交易行為。 5）持續地改善系統。 6）加強成員的在職訓練，使工作成果盡善盡美。 7）透過有效的領導以協助組織成員。 8）免除成員的恐懼。 9）排除各部門之間的障礙。 10）消滅口號、標語和告誡。 11）消除數字配額。 12）消除剝奪成員榮譽感的障礙。 13）建立一套強而有力的教育與訓練計畫方案。 14）採取行動以完成變革。
Joseph M. Juran （1989）	Juran 提出「質量三元論」，該理論管理過程為： 1）質量計畫（Quality Planning） • 確認顧客 • 決定顧客之需求 • 發展產品特色以回應顧客需求 • 以最低成本建立品質目標以符合顧客需求 • 發展一製程以生產需要之產品特色

學者	全面品質管理之原則
	• 證明製程之能力 2）質量管制（Quality Control） 　• 選擇管制對象 　• 選擇量測單位 　• 建立量測程序 　• 建立成效之標準 　• 衡量產品之實際成效 　• 解析實際成效和標準間之差異 　• 採取行動 3）質量改進（Quality Improvement） 　• 證明改善之需要 　• 確認改善之專案計畫 　• 指導專案計畫進行 　• 找尋及探討問題原因 　• 提供矯正措施 　• 證明矯正措施在作業條件下有效 　• 提供職位目前績效之管制
K. Ishikawa （1960）	Ishikawa 認為品管是經營的一項思想革命，主要內涵包括： 1）品質第一：不應僅追求短期利益。 2）消費者導向：不是生產導向，應考慮買方的立場。 3）後續工程是顧客：要打破本位主義觀念。 4）根據數據、事實說明事情：活用統計學。 5）尊重人性的經驗：全員參與的經營。

在全面品質管理在學校經營之應用中，表 3-2 分析了各學者的觀點分別對應到何項全面品質管理的核心內涵：

▌ 表 3-2：各學者提出之原則與全面品質管理核心內涵對應表

	Deming	Juran	Ishikawa
全員參與	●	●	●
教育訓練	●	●	●
領導統御	●	●	
顧客導向		●	●
永續改善	●	●	●
事實管理	●	●	●

●＝該學者論述符合此特性

資料來源：陳啟榮（2000）

三、全面品質管理流程（PDCA）

　　Deming 將生產活動視為一個系統，強調品質是透過不斷地改善，在一開始就把事情做對。（林庭安，2018）而「PDCA 循環」，就是檢驗品質管理的重要工具之一。「計畫（Plan）、執行（Do）、查核（Check）及處置（Act）」的循環是 Walter Shewhart 在 1920 年發展，而後經由 Deming 發表，Deming 把它稱為 Shewhart Cycle（品牌志編輯部，2018）。以下將分別解釋各項流程之意義：

1）計畫（Plan）

　　採取目標管理，包括訂定目標、決定達成目標的方法及決定目標達成與否的評估標準。

2）執行（Do）

　　依據訂定的目標實施計畫。

3）查核（Check）

　　依據先前擬定的評估標準查核實際績效，也就是對照一開始訂定的目標與實際績效達成與否。

4）處置（Act）

　　查核後如果發現未能達成目標，必須採取對策消除該問題，然後再一次進行 PDCA 循環，設法防止相同的問題重複發生。

四、持續改進的動態及系統性流程

　　Deming（1950）提出 PDCA 循環是一種為了達到某個終極目標的螺旋上升的模式。PDCA 循環內每一層都是一個獨立的循環，在計畫新一個循環時須將前一個循環的結果引入並作為先決條件。

　　遵循 PDCA 循環的同時，需積極引進系統化管理策略與工具，以完善並改進原有品質管理系統，進而達成目標。透過這樣動態及系統性的導入流程，每一次新的循環都比前面一次更接近螺旋結構頂端的終極目標。

Wangdao-Based University Management

第四章

全面品質管理落實於高等教育的理念與實例

一、全面品質管理落實於高等教育之理念

全面品質管理的理念，雖早已風行於工商企業界，但在 1990 年代以後，才開始受到教育界的重視。1991 年 10 月 IBM 公司為了激勵大專院校採用全面品質管理之模式以及將其融入教學策略，曾撥款 800 萬美元與價值 2400 萬美元設備，並設立八個大獎邀請全美各大學院校參加以馬康巴立治國家品質獎為主的競爭，引發了教育界學習全面品質管理的浪潮（Lin & Shen, 2007）。

當此風潮傳至臺灣後，吳清山和林天佑兩位學者認為全面品質管理在教育上的應用，可以分為下列五個面向：一、 教育體系應觀察社會脈動，不斷改進品質，以滿足所有教育消費者的要求和權益；二、 教育行政人員應更專注於如何預防問題的產生，而不是將心力用於解決現行教育問題；三、 教師應與其他同仁、行政人員和家長們共同努力提升教學的成果；四、 家長作為延續教育成果到校外的參與者，應參與、配合教育活動；五、 學校應重新思考學生所扮演的角色，不僅是教育產出的主體，同時也是教育消費者以及教育工作的一員（黃昆輝、張德銳，2000）。

二、全面品質管理落實於高等教育之原則

　　全面品質管理的原則演變，從早期 1986 年 Deming 在其《遠離危機》著作中，提出十四點全面品質管理的原則理念，不只適用於企業界，也被廣泛應用在教育中，內容包含建立持續長遠的目標、採用新哲學、停止依賴大量的檢驗、停止以價格做為交易的依據、持續不斷改善系統、提供在職訓練、建立領導者影響力、排除員工恐懼、消除部門間藩籬、去除各種口號，標語及目標、取消數據配額、排除影響工作榮譽的障礙、建立一套完整的教育與再訓練方案，與採取行動完成轉型（辛俊德，2006）。

　　De Jager 與 Nieuwenhuis （2005）亦嘗試將全面品質管理之概念應用於教育上，並指出關鍵的三大原則分別為：一、領導（leadership）；二、科學方法與工具（scientific methods and tools）；三、 透過團隊合作解決問題（problem-solving through teamwork），此三大原則彼此相互連結，組成一個整合系統，並於交集處形成「組織氣氛」、「教育與訓練」以及「意義化的資料」，核心精神在於為顧客提供服務（customer service）。

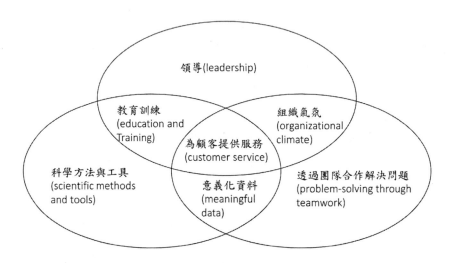

圖 4-1：全面品質管理應用於教育的三大關鍵原則
資料來源：De Jager & Nieuwenhuis（2005）

臺灣學者張媛甯（2006）認為全面品質管理聚焦於高等教育時，應遵循六大原則：一、 顧客導向：以學生滿意度為依歸；二、 事先預防：建立預警系統以取代危機處理；三、 事實管理：定期蒐集資料並進行統整分析；四、 動態導向：持續改善與進步；五、 系統導向：視學校各單位為整體進行合作；六、 領導支持：領導者以身作則，並充分授權。

另一位學者黃永東（2008）則認為對高等教育而言，品質管理需要符合全面品質管理的六項核心價值，方能提升教學品質：一、 領導統御：學

校領導階層的投入與監督；二、 教育管理：針對學校所提供給學習者的教學及行政服務持續優化；三、 人力資源管理：提供教職員工適當的教育訓練；四、 資訊管理：蒐集與管理相關資料；五、 顧客滿意：以學生之需求為制定校務策略之重要參考；六、 學校利害關係人發展：關注學校利害關係人的期望和需求，以利學校永續發展。

　　由上述可知，全面品質管理實施於高等教育時，以顧客需求為主所設計的服務、高階管理者所需的領導能力，以及系統性地蒐集、整理與分析資料，是共同被學者們認為最重要的原則。

三、全面品質管理目標

　　實施全面品質管理的重要目標為：提升教育品質、提升競爭力、營造品質文化、達成發展願景與目標、提高學術聲望、強化財務能力、提高顧客滿意度及滿足顧客需求。其流程包含以下：

1）了解計畫的品質水準與改進趨勢，以及相對其他計畫，觀察其表現績效為何，以作為持續改進之依據。

2）持續改進以確保流程與流程之品質。

3）建立滿意調查系統，定期檢視顧客對學校各項教育措施的滿意程度，以作為改善學校教育品質的參考。

四、全面品質管理落實於高等教育之實施策略

　　全面品質管理是一種能改進策略的方法（林公孚，2007）。楊念湘與陳木金（2011）綜合了學者專家之論述、國外相關案例以及臺北市優質學校之推動經驗，建構優質學校品質管理指標之策略，作為經營優質學校之參考，如圖 4-2 所示：

1）建立學校全面品質管理的計畫或方案

　　這項指標是以學校全面的願景、圖像來建立計畫或方案，並透過 PDCA 循環模式的確實執行與檢核，達成持續改進行政績效之目標。

2）擬定品質管理的標準作業流程

這項指標則是學校透過標準化流程，並以作業時間為準，建立各處分工為輔助全部流程規劃及編輯手冊或 e 化上網公告。

3）建立溝通管道及主動服務機制

這項指標是各部門建立水平與垂直之溝通層級，並確保直向與橫向溝通順暢；同時鼓勵全校成員主動參與行政事務工作，促進團隊合作。

4）落實品質管理的回饋評核機制

這項指標則是依據學校行政工作的分工及品質管理的標準作業流程建立經常性的評鑑小組，進行評鑑工作。因此隨時可檢驗各項計畫落實情形，檢討與省思可精進之策略。

5）建立以需求與滿意為導向的服務

這項指標是以學校行政服務內外部的對象之需求及滿意為導向建立作業規劃，提高學校行政服務品質。

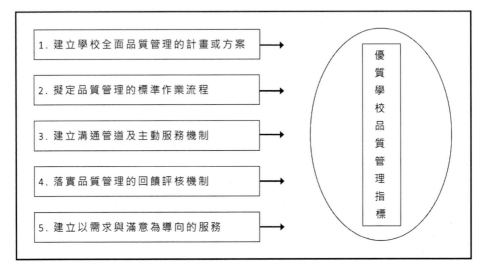

圖 4-2：優質學校品質管理指標之研究架構圖

資料來源：楊念湘與陳木金（2011）

　　辛俊德（2006）則近一步提出於教育界中實施全面品質管理的十項具體策略：

1）確認專責單位，訂定相關法令

　　使全面品質管理有實際且有權責的推動者。

2）建立全面品質管理指標

　　訂定明確的教育品質指標，做為行動、評鑑與檢討之依據。

3）應用有效的品質工具

將企業發展出的管理策略應用於教育上，如以魚骨圖探討因果關係、以力場分析法了解助力與阻力等。

4）改變工作流程，實施走動式管理

實施扁平式管理，減少不必要的正式文書往來與時間浪費；實施走動式管理，隨時掌握組織運作之缺失與困難，並積極主動地改進。

5）訂定明確期限

使推動單位有時間目標，並能定期檢視及評鑑其成效。雖然全面品質管理強調持續不斷地改進，但無休無止的工作用於學校組織管理上可能因不明確而流於口號。

6）發揮團隊合作精神

各部門摒棄本位主義，增加各部門、各單位間的溝通協調。

7）選擇重點實行

衡量學校需求與未來發展趨勢，選擇重點項目運作。

8）建立學校共同願景，營造全面品質文化

在願景訂定過程中，衡量學校特色與實際需求，並由所有組織成員共同擬訂以凝聚共識。

9）實施行動研究，訂定全面品質教育具體方案

行動研究的研究者即為行動者，將成員的實務困難發展成研究主題，即時研擬並推行具體解決方案。

10）加強成員在職訓練，充分授權

加強成員在全面品質管理上定期的在職進修；上層須充分授權給部屬，增加部屬的成就感，方能增進成員對組織的向心力與士氣。

此外，全面品質管理應用在教育組織機構可分成六階段（圖4-3），其中每一階段都必須具有雙向的回饋與溝通，以確保全體成員的意見能充分表達，並發揮團隊合作的力量，達成品質提升的目標（辛俊德，2006）。六階段說明如下：

1）全面品質管理承諾

本階段包含品質和顧客滿意，其中顧客包括教育機關，行政人員，學

生和家長等；而全面品質管理對品質的承諾則在於讓顧客了解品質提升的目標是什麼。

2）需求評估

此階段包括蒐集學生，員工和其他顧客的回饋資料。由蒐集到的資料，了解顧客的需求為何，哪些是需要改善的，以發展一系列的全面品質管理執行計畫。

3）品質的詳細說明

此階段乃是向顧客說明品質提升的具體水準，包括服務和產品品質的提升，其中具體的說明各年級和主題的目標，讓全體顧客有明確的了解。

4）策略性計畫

此階段在於設定近期中期和長期的目的，以便能依計畫執行。在設定目標和目的之過程中要讓全體人員參與，充分的溝通之後才確定所要達成的目標和目的。

5）運作性計畫全面品質管理承諾

此階段在於明確的揭示組織成員的責任，執行方法，時間的分配和決定資源如何分配，據以朝著既定的目標前進。

6）附加價值計畫評估

在執行全面品質管理各階段的任務之後，最後必須評估實施成果，是否能達到設定的目標和目的之要求水準。若有不滿意之處，應尋找失敗原因，並回到第一階段去檢視各階段之執行情形。

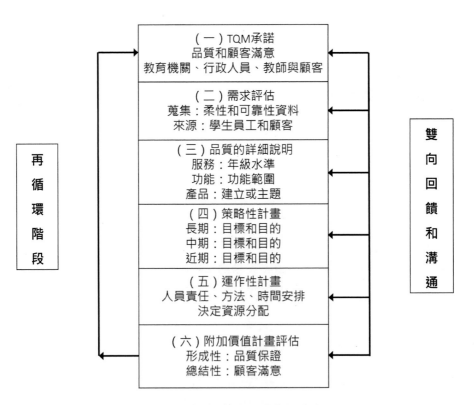

圖4-3：學校實施全面品質管理模式

資料來源：Erman Herman（1995）

　　林俊成（2007）統整了臺灣二十年（1995-2006）研究論文相關全面品質管理在學校教育應用，強調學校不斷要改善服務品質才能達成顧客滿意之目標。為了維持校務的優質，需適當運用以下幾項工具：

1）善用 PDCA 模式

　　這是管理循環圈，藉由計畫（plan）、執行（do）、查核（check）、處置（action）等步驟進行品質改善。

2）善用 SWOT 分析

　　執行計畫時需要考慮校內的優劣勢與校外的機會、威脅，使管理階層能快速而有效提出適合策略。

3）善用品質改善技術

　　藉由改善工具如腦力激盪、因果圖、柏拉圖、直方圖、流程圖等能節省改善時間，同時能提出客觀性的方案解決問題。

4）標竿法

　　這也是一種管理工具。藉由標竿法發揮楷模學習，將能促使學校持續改善進步，而減少風險。

五、高等教育實際案例

在國內推動高等教育全面品質管理之大專院校案例中，本研究以曾獲得國家品質獎之國立清華大學、臺北醫學大學、淡江大學與元智大學四所大學為標的，探討各校的推動歷程與架構。

清華大學於 1956 年在臺灣復校，目前有 5 萬多名學生與 9 千多名教職員工，其於 2013 年獲得第 23 屆國家品質獎，是第一所獲獎的公立大學。清華大學全面品質管理的歷程是以校務永續發展為策略目標，從 1981 年行政電腦化、行政合理化、校務評鑑、組織再造等一連串嚴密推行 PDCA 的歷程來落實世界級卓越大學願景理念。在陳力俊校長及簡禎富主任秘書帶領下推動精實管理，落實全面品質管理的理念與文化。其推展架構如下圖所示（簡禎富等，2017）。

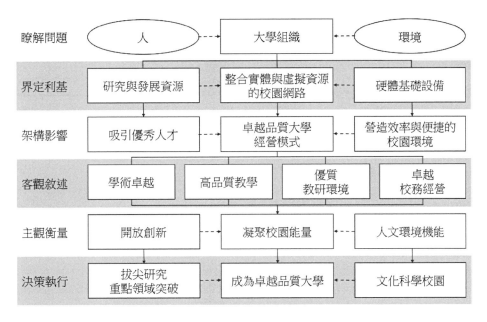

圖 4-4：大學卓越品質策略規劃架構

資料來源：簡禎富等（2017）

臺北醫學大學成立於 1960 年，目前有 5 千多名學生與 9 百多名專任教職員工，其於 2010 年獲得第 20 屆國家品質獎。臺北醫學大學的全面品質管理推動歷程可分為四個階段：

1）導入期（1994~1998）

首次針對如何建立高品質之教學、研究、服務水準等議題，進行全校性討論。

2）紮根期（1999~2007）

成立品質管理委員會，將品質管理列為學校重要工作指標。

3）精進期（2008年～今）

校長領銜成立教育品質中心，除繼續投入及深耕全面品質管理外，更加強理念共識的傳承與落實，持續為成為高品質之高等教育機構而努力。而其推展架構如下圖所示（許麗萍、張家宜，2014）。

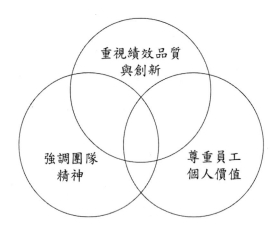

圖 4-5：臺北醫學大學新品質文化架構

資料來源：臺北醫學大學教育品質中心（2011）

　　淡江大學成立於 1950 年，目前有 2 萬 4 千多名學生與 1400 多位教職員工，其於 2009 年獲得第 19 屆國家品質獎。淡江大學的全面品質管理推動歷程可分為四個階段：

1）導入期（1993~1994）

　　由領導者規劃推動架構，並設置組織推展，以凝聚全員共識為目標。

2）紮根期（1995~1997）

　　各單位實行全面品質管理之活動，逐漸建立制度。

3）發展期（1998~2000）

　　評估教學與行政上之執行成效，持續檢討與改進。

4）精進期（2001~ 今）

　　以提升學校評價為目標，持續優化與推行全面品質管理之活動。

　　其推展架構如下圖所示（許麗萍、張家宜，2014）：

使命
(Mission)
承先啟後
塑造社會新文化
培育具心靈卓越的人才

願景　　　　　　　　價值
(Vision)　　　　　　(Values)
弘揚私人興學的　　　樸實剛毅
教育理念　　　　　　五育兼備
創造精緻卓越的　　　學術自由
學術王國　　　　　　學校自治

策略
(Strategies)

營造四波段建校設施實施計畫	培育卓越人才實踐三環五育	創造學術王國落實三化教育	活化第二曲線建立S形曲線	爭取社會資源發揮馬太效應	創造競爭優勢善用藍海策略

治理
(Governance)

領導體系	四個管理模式	全面品質管理	組織活化

圖 4-6：淡江大學品質屋

資料來源：許麗萍、張家宜（2014）

　　元智大學成立於 1989 年，目前有 8 千多名學生與 500 多位教職員工，其於 2003 年成為第一所獲得國家品質獎（第 14 屆）的私立綜合大學。元智大學的全面品質管理推動歷程可分為四個階段：

1）導入期（1989~1992）

　　將全面品質管理引進校務經營管理。

2）紮根期（1993~1996）

　　著重品質保證與創新改善制度建立。

3）整合期（1997~1999）

　　全面品質管理理念擴大應用及導入國際標準品質管理系統。

4）強化期（2000~2003）

　　建構追求全面卓越績效以提升國內外競爭力，並在之後持續推動與改善全面品質管理模式（簡禎富等，2017）。

　　其推展架構如下圖所示：

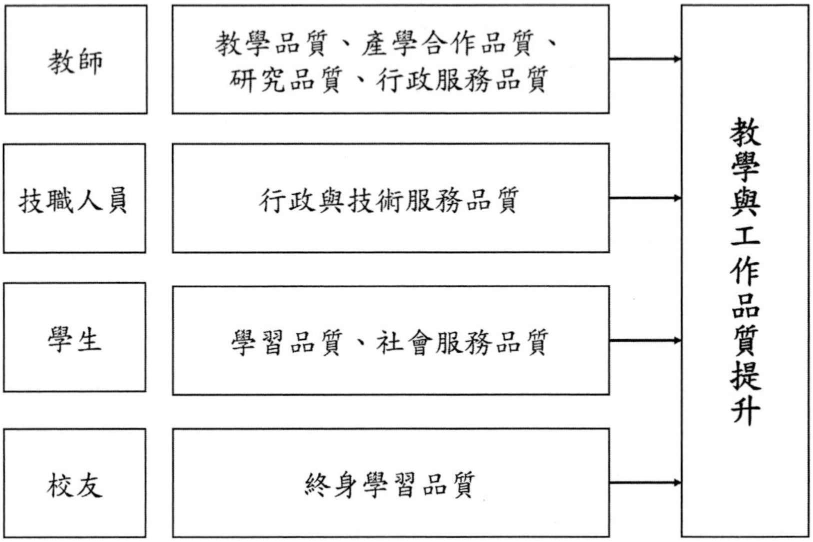

教師	教學品質、產學合作品質、研究品質、行政服務品質	
技職人員	行政與技術服務品質	
學生	學習品質、社會服務品質	
校友	終身學習品質	

教學與工作品質提升

圖 4-7：元智大學全面品質經營理念

資料來源：簡禎富等（2017）

Wangdao-Based University Management

第五章

全面品質管理落實於高等教育的困境與挑戰

一、全面品質管理落實於高等教育之問題

辛俊德（2006）綜合了過去學者對於學校實施全面品質管理之所遭遇的問題如下：

1）服務與產品問題

服務品質之好壞具主觀性、時間上無法準時提供服務、服務標準始終如一無法修改、服務要面對捉摸不定問題、很難測量成功的產出與生產力、學校機構是生產「服務」而非產品，而服務需要勞力密集，對全面品質管理來說造成困難。

2）學校結構問題

高層領導者無法全力支持、公立學校受政府保護，彼此競爭性較少、教育實施對象無法絕對的品質控制、教育過程複雜無法客觀控制、教育消費者間之目標歧異性大成效短期無法呈現、教育單位易受外力影響、主管教育行政機關及學校缺乏具體方案、金字塔的僵化結構無法落實以客為尊。

3）管理政策與理念問題

全面品質管理強調團隊和團體的績效評估而非個人之評估、訓練基於程序目標而非個人喜愛、預算的產出著眼於再投資而非資源的奪取、人事系統和預算都是組織文化的真實反映，在這些功能獨立的相關改變中，品質努力將受限。

4）學校文化問題

教育界不願意接受企業的管理方法、員工安於現狀害怕授權的結果害怕出錯、學校行政主管本位主義觀念強、偏遠學校人員流動頻繁，組織願景形塑不易。

5）不確定問題

全面品質管理強調策略管理，假設組織處於平衡的狀態，但學校組織的結構通常處於不確定的狀態，使得品質管理受到干擾。

6）定義顧客問題

學校機關很難去定義它的顧客。

二、全面品質管理在高等教育之困境

黃哲彬（2009）整合了當前全面品質管理在學校實施之困境與策進。並指出教育組織與企業之經營理念及策略目的有本質上的差異。教育機構實施全面品質管理較無一般企業的自主性及實施彈性，使得學校實施全面品質管理時遇到不同層面的困境，導致效果不佳。其舉例如下：

學校組織與企業組織無論從經營理念、目的及各種策略本就不盡相同，也自然無法向企業組織較為自主及彈性實施全面品質管理。而學校實施全面品質管理過程中又常遭遇以下困境，使實施成效不彰。

1）學校組織對於教育對象並無絕對品質管制權，仍須兼顧個別差異

學校組織進行各式改革過程中，必須納入非常多不同且複雜的考慮因素。且教育機構內需要服務及面對的對象皆是人，其中包含教師、行政人員以及學生等等。尤其學校身為教育機構，更無法只將學生的績效及品質等等納入考量。面對身處於弱勢族群的學生，更需要保證平等的教育機會，達到教育組織存在的目的，若只以品質及績效要求學生，其成果有限。

2）學校行政運作極其複雜，無法客觀完全掌握每一環節

　　學校行政運作極其複雜，其中包含組織、制度、人員以及經費等各項不同因素，其牽扯甚廣。若要求行政人員只在乎績效及品質等因素，確實不切實際；黃哲彬（2009）更舉例，學校行政很大程度包含了人與人的互動，若過程中發生衝突等個別案例，並非全面品質管理所納入的範疇。

3）學校教育效果無法立竿見影、立即見其成效

　　教育成果往往需要很長的時間慢慢累積，才能有所展現。教育所包含的品德及素養等等皆非短時間內能夠馬上看到成效，也不能只透過全面品質管理流程來達到目標，這些品質管理下所隱含的價值需要透過教育人員長時間的教化下才能見到成效。

三、全面品質管理的實施障礙

　　張媛甯（2006）指出學校組織推行全面品質管理的潛在障礙可分為兩大類：

1）有形障礙

此類障礙主要圍繞在時間、人力與財務等三類有形資源。執行全面品質管理時，需要長時間的運行及妥善處理資源分配之議題，並輔以大量人力與經費來達成教育訓練與持續改正流程。

2）無形障礙

學術自由及個人成就為高等教育組織的兩項重點面向，而兩者與業界所強調之介入管理及團隊合作有所相悖，使教職員容易對全面品質管理的模式有所微詞；除此之外，在過往教育主管機關倡導的諸多改革淪為口號的背景下，教職員傾向認為引入全面品質管理僅為追求時下流行的管理熱潮；捨棄教育界原初的概念而去追逐業界的品質概念，也使教育喪失其專業度。除了上述之觀念跨界的障礙外，學校亟於追求顯著之短期成效會促使高階主管喪失持續投入與支持的積極性，中階主管也會因權力重組造成既得利益之損失，二者皆為推行全面品質管理的最大潛在障礙。細項的障礙包含安於現狀的組織惰性以及基層員工對於評量的畏懼等，皆是推行全面品質管理的抗拒來源（林宜玄，2000；Edward, 1993）。

四、全面品質管理於教育環境之潛在風險

　　根據資料統計，在實行全面品質管理時，約莫只有三分之一到二分之一的組織能有重大的成效。成效不彰的主因並不是因為全面品質管理的概念有誤，而是與組織的兩大因素有關：

1）組織文化與組織架構

　　全面品質管理屬於「情境依賴」（context-dependent）型的專案，內容中有多處會更動組織成員的互動以及工作。因此，在學校執行全面品質管理是否能夠成功有很大的程度取決於組織本身的文化與架構。

2）執行成本過大

　　部分學者認為失敗的原因源自於並沒有足夠的工具與系統，以支持組織達到全面品質管理原則的標準。Saad 與 Siha（2000）則認為此現象的原因在於：領導層在實際執行時發現整個系統與流程非常繁瑣、耗時，且在短期內容易失焦，進而使投入成本執行全面品質管理的意願降低，以至於最後執行的成效不彰（UKEssays, 2018）。

Waheed Ullah、Noor Jehan、Muhammad Faizan Malik 與 Adnan Ali（2018）四位學者認為，全面品質管理所針對的項目皆為非學術性的，因此在高等教育環境中無法全面落實；舉例來說，若學校將學術性項目強行納入全面品質管理時，核心問題之一便是「學生」與「顧客」的差異性過大。而在有執行全面品質管理的高等學校中，多數會在實施過程中逐漸改變執行方式，並於五年後演變成不同於全面品質管理的樣貌。原因可分為以下兩點：

1）全面品質管理的執行並未解決核心問題

Koch 與 Fisher（1998）認為，全面品質管理的實行有助於審查與管理申請資料、文字上的檢查、實體資源、工作排程與帳單等面向。但這些項目屬於非學術項目，且也並非是教育機構的核心命題。依照大眾的觀點，學校需要更注重教育與研究上的品質。

2）合作的風氣在學院中並不盛行

目前為止，「團隊合作」被視為全面品質管理的特性之一，然而在高等教育環境中，此要素容易被忽略。在學校組織中，合作的教學方式非常稀少，而研究更普遍被視為個人屬性的項目。

五、品質管理失敗案例

　　品質管理機制雖能提升效率，但如果過於注重品質管理，反而容易使其他重要因子失效，最著名的案例便是當年的 3M 公司導入六標準差方法（Goodman & Theukerkauf, 2005；Bisgaard & De Mast, 2006；Hindo, 2007a；Huang, 2013）。六標準差是方法和效率導向的品質管理機制。然而在實施過程中發現過於執著效率，使創意被扼殺，因此被認為對組織創新產生負面影響（Hindo, 2007b；Huang, 2013；Vermeulen, 2017）。

　　由於後續在員工和顧客滿意度方面產生的負面影響，使 3M 公司和家得寶終止了六標準差計畫（Hindo, 2007a；Hindo & Grow, 2007）。Foster Jr.（2007）稱「六標準差的益處可能是微小的。」根據 Gupta et al.（2008），有時候六標準差活動「……改善活動的成本大於帶來的效益」。Angel 與 Froelich（2008）的報導稱「近乎 60% 的公司的六標準差措施未能達成預期的結果……」根據各結果來看，目前仍未透澈了解六標準差計畫失敗的原因，目前可能性較高的原因推測為承諾升高。

　　而在教學界中，雖國內外有大專院校受全面品質管理之益，但也有人持相反意見：全面品質管理為一以提升學校現況為導向之管理模式，卻有

些學校認為其改善之成效不彰。

以約旦國內大學為例，約旦於 1990 年代末期，許多大學開始採用全面品質管理的管理模式（Altahayneh, 2014），雖有學校受益於此管理模式，但是（Altahayneh, 2014）曾透過問卷調查以及資料分析得出，以體育學院為例，實施了全面品質管理後，學院各方面都沒有顯著性的差異，不論是學院名、學生取得更高學歷之比率、抑或是學校資深教職員的比例都沒有顯著的增加，除此之外，多數受訪之教職員都認為實施全面品質管理對學校的效益不大甚至沒有效益，同時，為使全面品質管理能夠達到成效，學校高層（校務決策委員會）需要高度的投入且參與策劃並且執行，實施全面品質管理之相關人員也必須有對於全面品質管理相當程度的了解，或是接受過全面品質管理之訓練，才能避免此管理模式以失敗告終（Altahayneh, 2014）。

Wangdao-Based University Management

第六章

計畫執行

一、計畫目標

　　全面品質管理廣泛的被全世界認可為改善顧客滿意度與組織表現之管理哲學（Asif et al., 2013）。雖然文獻已顯示全面品質管理應用在教育領域之中的可行性，但應用在高等教育的可行性尚待分析（Asif et al., 2013）。本計畫目標即為分析全面品質管理應用在國立陽明交通大學之可行性，透過文獻資料搜集、專家訪談、舉辦座談交流會，以了解全面品質管理導入陽明交大的過程與結果可能面臨到的優缺點、挑戰與風險等。

二、組織架構與執行流程

1）組織架構

　　「陽明交大推動全面品質管理的規劃」之組織架構如下，計畫主持人為管理學院院長鍾惠民教授。計畫顧問為管理學院副院長林春成教授及國際暨兩岸事務辦公室主任黃宜侯教授。協同主持人為科技管理所蘇信寧教授、林士平副教授及管理科學系高國揚副教授。助理為管理學院林庭律行政專員以及九位由協同主持人帶領之研究助理。

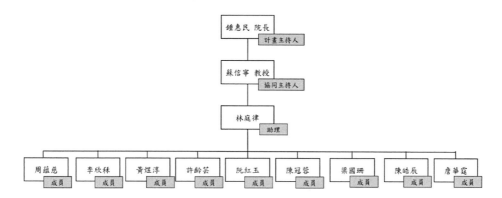

圖 6-1：陽明交通大學全面品質管理組織架構圖

2）執行流程

・ 蒐集資料

　　藉由回顧全面品質管理的歷史、意義、特性與實務應用，來理解全面品質管理落實於高等教育的發展與實施的現況。藉由蒐集國內外全面品質管理應用於高等教育的相關實例，以作為本研究之基本結構，並進一步作為與專家訪談等實證研究的基礎資訊。

・ 進行訪談

　　將上述所蒐集之資料整理，獲得初步實施全面品質管理可行性評估之資訊。並製作半結構式訪談問卷，選取具代表性的專家學者作為訪談對

象，例如全面品質管理學會的專家、曾應用全面品質管理於學校的執行長、陽明交通大學各院長等等，進行四次訪談，探討內容包含導入全面品質管理之優缺點、困難、挑戰、所需成本等等。最後將訪談所蒐集到的資訊整理成逐字稿並分析權衡各校專家給予之建議。

- **舉辦座談會**

　　舉辦專家座談交流會，邀請十五位相關專家與學者參與，使用上述專家訪談所獲得之資料作為座談會內的基礎背景資訊，在座談會中與專家學者進行深入的探討並產生共識，針對本計畫進行可行性評估，最後達成國立陽明交通大學導入全面品質管理之可行性評估共識。

- **整體結果分析**

　　針對所蒐集之資料、訪談與座談會後獲得之資訊，進行統整與歸納，最後完成「陽明交大推動全面品質管理的規劃」報告。

三、研究方法

1）資料來源

　　本研究之資料為全面品質管理落實於高等教育之相關文獻與資料，結合專家訪談結果與座談會之共識，作為本研究之資料來源。

2）研究方法

　　本研究所採取之方法有三項，即進行相關資料蒐集與分析、專家訪談與舉辦座談會以進行研究：

• 相關資料蒐集與分析

　　本研究蒐集曾應用全面品質管理於教育機構之實際案例與相關文獻，分別就角色及功能面向去建構分析架構，例如優缺點、風險挑戰、原則、操作方法等，藉以作為分析「陽明交大推動全面品質管理的規劃」所憑藉之資訊。

• 專家訪談

　　進行專家深度訪談，並透過半結構式訪談問卷作為訪談意見之蒐集方法，而深度訪談可以在與少數受訪者進行個別訪談的狀況下，探討他們對

特定想法、計畫或情況的看法（Boyce and Neale, 2006）。而訪談對象設定為全面品質管理專家或有相關導入經驗之高教學者。

- **舉辦座談會**

　　邀請相關專家學者參與座談會，針對全面品質管理應用於高等教育提出看法，並建議陽明交大是否應該導入全面品質管理之共識或相關策略。

Wangdao-Based University Management

第七章

研究結果

　　本書針對「全面品質管理」導入國立陽明交通大學進行可行性評估，以了解導入全面品質管理過程中可能會面臨到的各種優缺點、挑戰與風險等。希望能提供給陽明交大之決策者參考，以供未來導入全面品質管理時，可提升效益，並減少成本與風險。因此，本章節透過相關文獻回顧及計畫執行中的訪談紀錄與座談紀錄，再進一步歸納以下 5 個小章節。分別於一、全面品質管理之學校應用；二、角色面向分析；三、功能面向分析；四、訪談問題收錄與結果統整；五、座談會討論與共識統整。

一、全面品質管理之學校應用

1）全面品質管理在教育環境

　　全面品質管理在 1980 年代廣泛運用於企業界（林俊成，2007），如環境、安全、健康、倫理、風險管理、社會、節約能源、以及持續發展等領域（林公孚，2007）。而在 1990 年代起，為教育界所導入，應用於學校行政、班級經營、教育評鑑、營繕工程、特殊教育、教育人力資源管理、學校建築工程等方面（曾榮華，1999；辛俊德，2006；詹震寰，

2007）。臺灣教育環境近年來面臨少子化、國際化與教育市場競爭等挑
戰，亟需在有限資源下，透過管理方法與技術，來提升教育品質與競爭力
（簡禎富等，2017；王嘉祐等，2018）。因此，教育界為了尋找自己的定
位及提升教育品質與競爭力（許麗萍、張家宜，2014）而導入全面品質管
理作為管理工具。學校以服務為中心，將全面品質管理應用於教育環境之
可行性高（林俊成，2007），且實施全面品質管理在提升學校效能、教師
教學效能、班級經營效能、學生學習成果及行政流程效率等皆有顯著成效
（辛俊德，2006），滿足顧客需求及提升教育品質之目標（簡禎富等，
2017；王嘉祐等，2018；辛俊德，2006；詹震寰，2007）。

　　張媛甯（2006）歸納學校推行全面品質管理之關鍵成功因素：1. 建立
學校願景與目標：願景是對於學校未來的理想藍圖、能凝聚全員意志，也
扮演日常工作的指導原則，故學校須考量內外部環境後發展學校願景，並
進一步明確達成願景的長短期目標；2. 高階領導與承諾：領導者須體認全
面品質管理對學校組織的重要性，以身作則展現改善品質的決心，促進組
織文化的變革，並提供適當的資源來協助成員具備實施全面品質管理的能
力與信念；3. 以顧客為重：以顧客調查、顧客申訴追蹤等方式來分析顧客
需求，並在不同顧客群之需求衝突之間取得平衡；4. 團隊合作與授權賦
能：全面品質管理強調全員參與，以團隊合作為導向，使各處室與教職員

不再各自為政。行政主管肩負跨功能協調管理之責，使教職員參與自我管理團隊及問題解決團隊；5. 教育訓練：提供教職員因應全面品質管理推行所需的基本觀念及技術方法。教育訓練與發展包括團隊合作、問題解決、評量方式、資料蒐集與分析法、基本統計工具等；6. 評量與獎勵：建立評量系統，俾能系統性的評量顧客滿意度與內部流程改善程度，提供回饋資料以持續改善。此外，利用評量結果表揚或獎勵推行全面品質管理有功的團隊與個人，除了提高教職員追求卓越品質的動機外，並藉此傳達學校堅持品質的決心。

此外，全面品質管理是「以人為本」之管理原則的重要性（林公孚，2010）。本書針對過去作者對全面品質管理在教育上之應用歸納出幾個實施重點（黃哲彬，2009；林素鈺， 2004；辛俊德，2006）：1. 顧客滿意：教育服務對象可分為初級、次級與三級顧客；初級顧客為直接接受教育服務的學生、次級顧客為主管機關與贊助廠商、三級顧客為未來雇主、政府與社會，應以初級顧客為著重服務對象。在學校中對於行政人員、教師、學生等都須抱持關懷、持續及正向的態度才能夠滿足其需求與期望，並獲得支持。組織裡的每個階層或功能環節都以顧客創造最高價值為焦點；2. 高階領導：高階領導者需由上而下推動全面品質管理，其對於全面品質管理需有高度了解與意識，並積極充分參與，發揮領導統御之能力帶領同

仁實現全面品質管理。學校的校長除需以身作則來支持全面品質管理，更要提供資源來排除實施的障礙；3. 全員參與：全員需有共同的使命感與高度凝聚力，能實現全面品質管理的文化。全面品質管理是全校人員共同責任，透過團隊合作方式確實改善學校各項缺失。所有成員皆具備全面品質管理的觀點、目標及工具技術；4. 教育訓練：持續對全體成員進行教育訓練，使其熟悉全面品質管理之觀念與原則，並鼓勵其能發自內心追求與改善品質；5. 持續改進：定期檢視校務運作系統，並持續改進，可利用回饋圈、評鑑等工具。各組織的所有系統皆須持續接受評鑑與改進，系統包含生產流程、顧客服務流程等。

2）全面品質管理在美國之教育環境

美國國家品質獎（Malcolm Baldrige National Quality Award, MBNQA）在 1987 年成立，目前由美國國家標準與技術研究院（National Institute of Standards and Technology, NIST）所管理，其創設初期原僅適用於製造業、服務業和小型企業。在 1998 年，開始納入教育及醫療保健機構；在 2007 年，擴及至非營利組織，包含政府部門（經濟部工業局，2021）。美國國家品質獎鼓勵各個行業角逐每年上限 18 座的最高榮譽，於 2005 年已累計達到 1000 家企業申請。從歷年來申請家數，可知從 1988 至 2007 年各個

產業申請美國國品獎的主要是：製造業 72 家、服務業 55 家、中小企業 101 家、教育單位 131 家、醫療照護 203 家、非營利機構 13 家。其中醫療照護的家數最高，其次是教育單位，最少的則為服務業（圖 7-1）。

Year	Mfg.	Svc.	SB	ED	HC	NP	Total
1998	15	5	16				36
1999	4	11	12	16	9		52
2000	14	5	11	11	8		49
2001	7	4	8	10	8		37
2002	8	3	11	10	17		49
2003	10	8	12	19	19		68
2004	8	5	8	17	22		60
2005	1	6	8	16	33		64
2006	3	4	8	16	45	10 (P)	76+10
2007	2	4	7	16	42	13	84
Total	72	55	101	131	203	13	575

圖 7-1：1988-2007 年企業申請美國國品獎產業
（製造業／服務業／中小企業／教育單位／醫療照護／非營利機構）家數
資料來源：蘇文憲（2007）

在 1000 多家各行業申請美國國家品質獎中，教育機構從 1998 年至
2020 年總共只有 13 所學校榮譽獲獎。從表 7-1 可知，大部分不是高等教
育機構（計有 2 所中學、4 所 K-12 教育、1 所特許學校 7-12 年級、1 所幼
兒園到八年級公立學校、1 所大學內的學院），高等教育僅 4 所，而幾乎
都是社區大學。

▌ 表 7-1：1988-2020 年教育機構榮獲美國國家品質獎（MBNQA）

年	教育機構	
2019	Howard Community College	社區大學
2018	Alamo Colleges District	社區大學
2018	Tri County Tech	中學
2015	Charter School of San Diego	特許學校 7-12 年級
2013	Pewaukee School District	K-12 教育
2008	Iredell-Statesville Schools	K-12 教育
2005	Jenks Public Schools	K-12 教育
2005	Richland College	社區大學
2004	Kenneth W. Monfort College of Business	是北科羅拉多大學（University of Northern Colorado）內的一所學院
2003	Community Consolidated School District 15	幼兒園到八年級公立學校
2001	Chugach School District	中學
2001	Pearl River School District	K-12 教育
2001	University of Wisconsin-Stout	大學

資料來源：National Institute of Standard and Technology（2021）

備註

- Community College，中文為「社區大學」或「兩年制大學」，是美國高等教育中重要的一環。社區大學主要是為學生提供大學前兩年的學習課程與教育基礎，使往後能繼續銜接四年制的大學生活，也就是一般人熟悉的「2+2 升學方案」（津橋留學顧問，2021）。

- School District（學區）：美國學區為地方教育行政區域，由一個地方教育行政機關所管轄的整個地區即為一個學區。如以鎮為單位者，稱為鎮學區（town school district）；以鄉為單位者，稱為鄉學區（township school district）；以市為單位者，稱為市學區（city school district）；以縣為單位者，稱為縣學區（county school district）（國家教育研究院，2021）。

- K–12，是指從幼兒園（Kindergarten，通常 5-6 歲）到十二年級（grade 12，通常 17-18 歲）合在一起的統稱。這個名詞多用於美國、加拿大及澳大利亞的部分地區。類似的，K–14 教育也包括了社區學院（大學的頭兩年），而 K–16 教育包括了四年的大學學歷（AI 教育觀察，2021）。

　　美國國家品質獎汲取了全面品質管理的精神，制定了一個完整而跨產業別的評審架構、標準（the Baldrige Criteria for Performance Excellence）和方法，使得該獎項是企業或組織機構推動卓越經營績效以作為企業競爭力的重要關鍵，也是所有人晉身國際級品質殿堂的依歸（經濟部工業局，2021）。

　　美國國家品質獎的評分架構，是將企業（組織）經營必須面對的各種議題歸納為 7 大項及 17 中項（依重要性進行權重配比，總分為 1,000 分），作為美國國家品質獎的評審基礎、過程與標準之外，更重要的是提供了一個系統性的角度解讀優秀的經營與績效管理，不僅適用於企業（組織）自我評估，協助企業制定目標和行動計畫；更可接受外部驗證，查核評分結果與實證資料是否一致（經濟部工業局，2021）。

　　另一方面，美國國家品質獎之評審架構也代表了一種管理上的「共通語言」，無論美國境內或是各國，如以此架構進行調整並發展出適用於該地區的模式後，致力於卓越經營的企業（組織）間，便能快速分享彼此的最佳實務，降低標竿管理（Benchmarking）的門檻，有效縮短學習曲線（經濟部工業局，2021）。

　　美國國家品質獎的評審模式，其架構包含七個構面（圖 7-2）：1. 領

導（高階領導、公司治理與社會責任）；2. 策略規劃（策略發展與執行）；
3. 顧客（傾聽顧客心聲、顧客參與）；4. 評量、分析與知識管理（組織績
效的評量、分析與改善，資訊、知識及資訊科技的管理）；5. 員工（員工
工作環境、員工參與）；6. 營運管理（作業系統、作業流程）；7. 經營
績效（產品與流程績效、顧客績效、員工績效、領導績效、財務與市場績
效）。

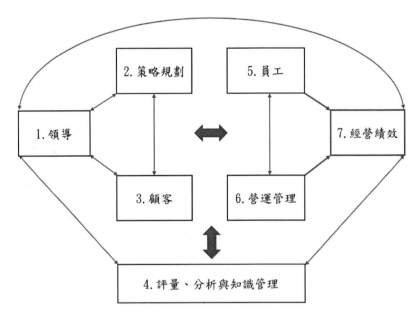

圖 7-2：美國國家品質獎的評審架構

資料來源：經濟部工業局（2021）

3）全面品質管理在臺灣之教育環境

　　臺灣行政院在 1990 年依據美國國家品質獎的方式核定通過「國家品質獎」（簡稱國品獎），成為國內品質層面上的最高榮譽，眾多機關團體對此趨之若鶩。除了一般企業外，近年來眾多學校組織也開始加入「全面品質管理」的行列，也因此，國品獎之標準成為教育組織設立架構與審視自我表現的重要參考項目之一。

　　根據經濟部發表之「國家品質獎評審作業程序」，國品獎的評審項目大致分為以下八項構面：**領導、策略、創新、顧客與市場發展、人力資源、資訊管理、流程及績效**。當教育組織的架構滿足國品獎各項構面之標準時，便能順利將企業界等較為嚴謹、理性等品管流程匯入教育體系中，使學校在校務規畫、績效與教學品質等各方面皆能得到顯著的改變，並契合到「永續發展」的精神。從 1990 年至今，國內目前僅有 4 所大學榮獲國家品質獎，以下詳細介紹：

・ 國立清華大學

　　國立清華大學長期以來致力於推動有系統的校園規劃，其中包含組織與流程再造、服務品質提升、全面品質管理以及精實管理等行政改善方案，更於 2013 年榮獲第 23 屆「國家品質獎」機關團體獎。

　　清華大學透過策略規劃及企業管理模式實踐卓越經營與全面品質管理，進而推動學校治理與校務發展。更進一步透過創新與研發，掌握市場脈動；關注人才培育與社會責任培養社會公民與未來領袖；運用人力資源與資訊管理等方法，強化競爭力與行政效率；更透過實行校園環保等機制落實永續經營，藉由以上的方式結合國內外資源，推動永續發展，落實卓越與全面品質管理（清華大學，2013）。

- **臺北醫學大學**

　　臺北醫學大學於 83 學年度將全面品質管理之理念引入學校運作，其中分別針對「教學」、「研究」以及「服務水準」等三大構面做研究及討論，並於 2010 年榮獲第 20 屆「國家品質獎」機關團體獎。

　　臺北醫學大學在推動全面品質管理的特色及具體成果分別體現在「領導與經營理念」。在領導層級的帶領下，強調全員參與及建立全面品質管理的組織文化。在「策略管理」層面，經過完善的規劃及特色行動方案，整合出配合教學、研究、學生、行政及社會責任等五大構面的策略；重視「研發與創新」，在產學方面有卓越的成長。在「顧客與市場發展層面」，除了培養優秀醫師人才之外，更致力於志工服務及國際視野。因此，透過全員參與及有效的溝通管道落實「人力資源與知識管理」。在「資訊管

理」方面，通過 ISO27001 資訊安全管理系統驗證；並於「流程管理」層面，透過總體課程檢視，整合課程規劃與職涯發展（經濟部，2010）。

• 淡江大學

　　淡江大學於 2009 年榮獲第 19 屆「國家品質獎」機關團體獎，為國內最早實行全面品質管理的大學，並有效帶動淡江管理模式。透過建構淡江大學獨有的品質屋，建構使命、願景、價值、策略與治理等辦學理念，作為全員參與及永續發展之目標。

　　淡江大學擁有 WHO 健康安全校園、ISO 14001 環安、ISO 27001 資安、ISO 20000 資訊服務管理等國際認證，並以國家品質獎之「持續改善，追求卓越」為目標，藉以作為提升競爭力的動能。並為各大學推動全面品質管理之標竿，淡江大學持續提升教育品質（淡江大學，2009）。

• 元智大學

　　元智大學於 2004 年榮獲第 14 屆「國家品質獎」之殊榮，成為國內首個以教育機構獲獎的團體，普遍被視為教育事業往品質管理發展之重要里程碑。

　　在導入全面品質管理中，元智大學針對校務規劃及策略方面有所改

革，抬升了整體教育品質。在校務規劃上，元智將教師績效視為重點項目，並將其納入教務規劃中；而在策略管理上，元智大學由大方向策略開始發起，並由領導階層帶領執行，且每年都有密集的規劃與調整（蔡佩瓊，2003）。

二、角色面向分析

1）全面品質管理之優缺點分析

針對全面品質管理之**優點**，以角色面向分析如下：

· **學生**

a）增進課堂學習品質

透過實施全面品質管理，增加學生學習參與等進而增進課堂品質（陳鴻基、張嘉銘，2001）。

b）提升學生學習成果

藉由施行全面品質管理辦法，提升學生學習成果（許麗萍、張家宜，2014）。

c）滿意度提升

藉由全員參與提升學生與相關利害關係人滿意度（許麗萍、張家宜，2014）。

- **教師**

  ### a）提升教學品質

  能夠有效輔導學生，掌握學生資訊，提升教學品質（陳鴻基、張嘉銘，2001）。

  ### b）減輕教師壓力

  透過組織及流程再造，精實行政流程，減輕教師壓力。

  ### c）定期檢核

  透過資料分析、定期自我檢核及成效檢核（林俊成，2007）。

  ### d）培養創新能力

  能使教師培養省思能力，並嘗試新的理念及作法（林俊成，2007）。

  ### e）促進教學與行政團隊合作

  透過與全員參與及組織文化改造，建立有效溝通管道，促進教學與行政團隊合作（駱俊宏、陳欣良，2006）。

- **行政人員**

  a）減輕職員壓力

  透過組織及流程再造，精實行政流程，減輕職員壓力。

  b）促進行政團隊合作

  透過與全員參與及組織文化改造，建立有效溝通管道，促進行政團隊
  合作（駱俊宏、陳欣良，2006）。

- **領導階層**

  改善資源及品質問題

  全面品質管理提供系統，改善管理過程及管理資源的品質問題（林俊
  成，2007）。

- **適用整體**

  a）改善員工人事管理

  透過建立人事管理、出勤差假、福利保險、總務提案等流程，確立員
  工品質管理（陳秋賢，2006）。

  b）提升組織全方位品質

  建立組織內部稽核人員，使組織內部透過自行訓練，參加外部公開訓
  練等形式。

針對全面品質管理之**缺點**，以角色面向分析如下：

- **教師**

  a）產生排拒現象

  教育人員因不熟悉全面品質管理術語，而對其應用產生排拒（林俊成，2007）。

  b）造成教師評量爭議

  教學評量因問卷設計、違背法律程序原則、違背行政程序及資料擷取程序等原則，造成教師評量爭議（詹震寰，2007）。

- **行政人員**

  a）無法持續

  若人事異動大，則不易持續（林俊成，2007）。

  b）增加行政壓力

  若規劃不當則易造成行政業務量過大（林俊成，2007）。

- **領導階層**

  非正規人員與正規人員之差異

  非正規從業人員之工作意願及對組織意識低、不願參加團隊活動，以

及知識傳承不易、業務機密容易洩漏。薪資福利差異造成不滿（蔡耀宗，2007）。

- **適用整體**

a) 參與人員不認同計畫理念
若是執行理念模糊，參與人員恐不完全認同。

b) 接受評鑑意願不高
相關利害關係人缺乏「持續改進」觀念，則接受評鑑意願不高（林俊成，2007）。

c) 缺乏自我評鑑制度
現行高等教育機構缺乏自我評鑑制度，相關人員適應困難（林俊成，2007）。

d) 未能落實品質承諾
缺乏危機意識進而未能落實品質承諾（林俊成，2007）。

e) 硬體設施成本高
學校須先成立資料庫中心或是教學資源中心（林俊成，2007）。

f) 影響學校既有運作
施行品質管理制度潛在變動幅度大，影響學校既有制度運作（郭國銘，2002）。

2）全面品質管理之挑戰風險分析

針對全面品質管理之**挑戰**，以角色面向分析如下：

- **教學、研究、行政**

  a）社會角色轉變

  從提供知識給社會大眾，轉變為從民眾蒐集辦學建議（林俊成，2007）。

  b）將評鑑與全面品質管理目標結合，提升個人誘因（林俊成，2007）。

  i.　以個人生涯規劃取代人事評鑑。

  ii.　學校缺乏完善的自我評鑑系統等方法。

- **適用整體**

  a）配合意願低，未能徹底落實之主要原因：

  i.　對「以客為尊」教育理念模糊。顧客導向的品質觀念管理用語使教職員認為教育市場化會失去專業權（張媛甯，2006）。

  ii.　缺乏「持續改進」觀念（林俊成，2007）。

  iii.　缺乏危機意識（林俊成，2007）。

  iv.　行政負擔加重（林俊成，2007）。

  v.　安於現狀，對實施變革有排斥心理（黃振育，2005）。

b）思維與組織分工模式改變（林俊成，2007）。

i.　從組織導向的控制變為顧客導向。

ii.　從固定的標準變為持續進步。

iii. 從階層式控制到全員參與。

iv. 從垂直分工變為水平分工。

v.　從外部監控式的品管變為自我監督式。

c）缺乏適當的方法與工具（黃振育，2005）。

d）領導層級對全面品質管理原則缺乏充分了解

領導層級對往下屬推行全面品質管理的原則認識不清，領導階層認為
是一種可交由承辦單位推行的活動（黃振育，2005）。

e）缺乏積極挑戰性的目標

以品質、成本、交期為改善目標是必須的，但企業仍應訂定具有挑戰
意義的目標（黃振育，2005）。

f）需克服有限資源分配的難題

如時間、人力、財力（張媛甯，2006）。

g）資料系統化

經驗與資料的系統化紀錄、累積，如建立資料庫、資源中心（林俊
成，2007）。

h）忽略品德管理

以數理科學為依據的全面品質管理可能忽略人文面品德管理（Total Ethical Management, TEM）或忽略管理是以人為本的重要性。

針對全面品質管理之**風險**，以角色面向分析如下：

教學、研究、服務、行政皆面臨的風險：過多改進措施將造成工具過度繁殖，資源不夠分配（林登雄、汪俊在，2006）。

3）全面品質管理之原則分析

針對全面品質管理之**原則**，以角色面向分析如下：

- **學生**

學校的學習主體是學生，學校需聚焦於品質，同時注重所有學生的意見，並滿足合理的期望和需求（林俊成，2007）。

- **教師**

對教師培訓增能與檢視評量

i. 為保證與驗證教師的教學品質，進行教學評量。

ii. 對教師進行專業培訓與增能，檢視教師的發展和訓練是否配合學校的整個目的，也檢視整個過程的效果。

- **行政人員**

  a）加強行政人員的在職訓練

  b）以組織為單位進行全面品質管理的活動

  i. 行政組織間排除障礙。

  ii. 加強教學團隊與行政團隊合作的經營策略。

  iii. 行政組織中，每一階層的水平組織與垂直組織之行政人員都需要通力合作，以滿足學生與學校內上下游同仁所需求的品質。

  iv. 善用全面品質應用於教育領域的指標，檢視校務經營成效（林俊成，2007）。

  v. 以小組為單位，發起內部品質稽核活動，例如：內部稽核員查證系統中某一項作業流程的績效（徐自強，2003）。

- **領導層級**

  a）領導活動

  i. 高階管理人員的支持與承諾（林文燦、李俊奕，2016），例如：校長的領導。亦要試圖了解校長如何創造與維持明確的教育品質觀，持續追求高品質的教育成果。

  ii. 管理人員須統一採取行動以完成變革，參與領導。

iii. 「學生學習成效」作為品質保證機制的導向之校務發展策略（胡倩瑜、張國保，2013）。

b）管理制度

i. 目標設定：建立持續改善的目標，垂直延伸及水平開展到各層級（楊念湘、陳木金，2011；紀勝財等，2005）。

ii. 建立一套強而有力的教育與訓練計畫方案（楊念湘、陳木金，2011）。

iii. 策略管理：擬定以品質為核心的管理策略，並結合組織願景、使命建立全面品質管理系統規劃（陳玄岳等，2005）。1. 實驗室管理階層完整，並改進實驗室認證體系與確保所有人員具備下列之能力：操作特定設備、執行試驗與（或）校正工作、評估效果、以及簽署試驗報告與校正書（陳玄岳、許文靜、吳秋文，2005）；2. 以「學生學習成效」作為校務發展策略（胡倩瑜、張國保，2013）；3. 問題處理流程：發現問題原點、分析問題、解決問題與超前設定（張峻源，2020）；4. 事後補救與事前預防：緊急事件發生當下，應以「應變措施」為重。若當下無緊急事件，「再發防止對策」較能達到對「下一次傷害避免」的目的（徐自強，2011）。

- **適用整體**

    a）全體參與原則

    i. 全員參與、協調、溝通、合作、有警覺性、自律、自重（反省）、不自私、講真心話，並落實執行至每位基層人員（張峻源，2020）。

    ii. 免除學校成員的恐懼、消滅口號、標語和告誡、消除數字配額、移除剝奪成員榮譽感的障礙（張峻源，2020）。

    b）品質管理原則

    i. 持續不斷地改進品質（陳玉君、呂美霓，2002）。

    ii. 提供對學生與學校內同仁真正有價值的品質，使所有人員都有雙贏的感受（蔡耀宗，2006）。

    iii. 兼顧「管理的品質」與「品質的管理」，前者指各階層的管理者們管理行為的品質，後者指與品質有關事務的管理（林公孚，2007）。

    iv. 品質承諾、品質責任原點化：釐清品質缺陷發生的原因，將其回歸個人品質責任，並消除潛在問題（品質月刊記者，2009）。

    v. 尊重人性，將品質融入對員工的待遇（林公孚，2010）。

    vi. 品質第一理念，先義後利（張峻源，2020）。

c）事實管理原則（系統化）

i.　使用科學的方法，以統計的方法與資料作為改進之依據（陳玉君、呂美霓，2002）。

ii.　必須隨時掌控最新及可靠的訊息和資料，例如：學校內部同仁各項工作反映與表現、學生的需求與期待（郭虹珠，2006）。

iii.　系統導向與過程導向的管理：積極引進系統化管理策略與工具，完整並改進原有品質管理系統，過程致力於完善的規劃（陳秋賢，2006），注重穩定性和可靠度（劉典嚴，2001）。

iv.　水平層級與垂直層級的各部門間溝通與問題解決方法，可引進新的資訊科技方案（IT solutions）與制度化的變革，將能於彼此之間突破組織性功能的藩籬（劉典嚴，2005）。

d）組織運作原則

i.　設立全面品質管理專責單位（辛俊德，2006）。

ii.　成立個別或跨部門品質改善小組解決任務（紀勝財等，2005）。

iii.　組織上層級充分向下授權，尤其使第一線人員獲得充分授權（林公孚，2010）。

e）思維模式原則

i.　文化改革：摒棄既有的傳統學校思維模式，思考如何改變傳統學校思維模式。

ii. 樹立文化：強化學校組織成員對於學校文化的認同與建立。

f）過程／流程原則

i. 認清小事與大事，以 20/80 為做事原則（張峻源，2020）。

ii. 為了解服務品質狀況，全數檢驗每一環節，才能將被預期的結果表現出來。

iii. 首輪的 PDCA 中，最重要的為計畫（Plan）；而在往後的循環 PDCA 中，每一步驟都很重要（徐自強，2011）。

iv. 在作業流程中，績效擔當者（部門）常同時兼任對流程的控制者／保證者／管理者之角色，但不常透過各種溝通管道來反映其績效狀況，最高管理階層即時已獲得整體系統績效之狀況了解（徐自強，2003）。

g）經營原則

i. 全面品質管理提供學校經營策略的指標，提升學校經營品質、改善學校經營體質，使經營策略具持續性，激勵成員積極投入學校經營運運作。

ii. 全面品質管理成功的秘訣在「經營和全面品質管理」，前者為目的，後者為手段（蔡耀宗，2011）。全面品質管理非以使用多種想法或手法產生價值，而是在充分理解問題後，選擇最適當的手法達成目的而產生價值。

iii. 成熟的管理系統中，關鍵工作人員能將工作價值最大化。

- **其他**

    a）學校利害關係人的動態關係管理

    透過有效的領導統御、好的教育管理、有效的人力資源管理和多功能的資訊管理，可協助管理學校利害關係人的動態關係。應了解學校利害關係人的期望，注重內外部顧客需求（黃永東，2008）。

    b）新的品質管理哲學

    停止以仰賴大量檢視的方法進行品質的管理、終止短期價值導向的行為（楊念湘、陳木金，2011）。

4）全面品質管理之操作方法分析

針對全面品質管理之操作方法，以角色面向分析如下：

- **學生**

    a）學生角色重新定位

    學生既是消費者，亦是教育工作的一員，又是教育產品的主體（郭國銘，2002）。

b）制定學生基本素養與核心能力

根據學校定位與科系層級的教育宗旨和目標，制定該校、科系學生的基本素養與核心能力（胡倩瑜、張國保，2013）。

c）提供多元化教育途徑

講課、研究、建教合作、海外研習之教育途徑，遠距教學、網路教學、視聽教學之學習管道，除增廣學生學習層面、可滿足隨時隨地的學習需求（黃永東，2008）。

d）成立學生學習成效的專責單位

定期透過自我評鑑建立改善機制；為有效的推行此改善機制，學校及科系各層級應由上而下分責分工全案參與，也應由下而上認真積極的規劃與執行（胡倩瑜、張國保，2013）。

e）訂定學生學術研究獎補助辦法

鼓勵學生進行學術研究。學校充分展現特色及優點，選擇合適的學生入學（黃永東，2008）。

f）建立多元的學習評估機制

直接評估學生學習的進展（指標能力檢核、測驗藍圖、雷達分析圖等）；亦可透過教師評量與學生教學反應評量，間接評估出學生學習成效（胡倩瑜、張國保，2013）。

g）建置有效衡量

包括學生滿意度調查、學生對話和論壇、產業需求和滿意度調查、教學和學習有效性評估。持續地調查學生的期望，整合意見以作為校務運作參考依據（黃永東，2008）。

h）持續追蹤學習成效

發現學生學習活動評鑑不佳時，應繼續追蹤，並謀求改善（黃永東，2008）。

- **教師**

  a）教學重心放在過程

  教師應將重心放在過程，教學過程重於結果（黃誌坤，1997）。

  b）加強職前教育訓練（蔡耀宗，2007）。

  c）建立及時有效的教學系統（陳慶安、施信華，2001）。

  d）制定教師分級制

  使教師在生涯規劃上有一生涯階梯（Career Ladder），促成教師之專業發展（郭虹珠，2006）。

  e）舉辦教學研討會

  鼓勵教師相互觀摩，俾能利用各種教學策略、技術或理論，分享專業知識和經驗（黃永東，2008）。

f）建議學校應結合專業團隊的運作

給予授課教師全方位的支援，針對教師需求與困難，依現有資源給予教師滿足感（張惠萍等，2010）。

g）建立學習的組織

鼓勵教師進修或讀書會等方式充實自己（黃誌坤，1997）。

h）提供教職員全面品質管理基本觀念及技術方法

包括團隊合作、問題解決、評量方式、資料蒐集與分析法、基本統計等（張媛甯，2006）。

i）設置教職員團體

聯誼、福利或學術等社團，可營造出融洽的工作環境。

j）鼓勵教師積極參與校務行政工作

擴大教師參與學校事務的層面，藉以凝聚追求教育品質的共識（林俊成，2007）。

k）鼓勵教職員從事在職進修

鼓勵教職員進修，提升教學或行政工作素質（黃永東，2008）。

l）訂有學術補助方法

學校訂有相關教師學術獎補助辦法提供研究補助款，提升教師研究水準和品質（黃永東，2008）。

m）教學評量方式改善教學

教師教學品質攸關學生學習成效，未來應逐步推動教師評鑑制度，透過獎優汰劣制度的推行，使教學品質能有效提升，教師能積極充實自我（張惠萍等，2010）。

n）教師評量程序原則（詹震寰，2007）

i.　邏輯程序：異常標準之篩選機制應確認邏輯。

ii.　品質管制目標作為檢驗準則：觀察數據，尤其極端數據。

iii.　時間序列觀測：驗證經過時間序列能提升教學品質。

o）教師評量篩選機制（詹震寰，2007）

i.　法律程序：法不溯及既往。

i.　行政程序：應符合行政程序之適當規範。

ii.　資料擷取程序：遵循專業準則、事後問卷。

- **行政人員**

a）加強各行政單位的互動與交流

增進對彼此業務的了解，藉以消除障礙與隔閡，發揮團隊整合的力量（林俊成，2007）。

b）強調工作流程標準化與書面化

推動全面行政流程標準化與內控制度，以作業時程為主，處室分工為

輔，將全面品質管理的理念與作法，逐步導入學校行政系統。建議全面推動校園標準化作業流程（SOP），使全面品質管理的推動採系統化、以及結構化的方式辦理（林俊成，2007）。

c）建立行政電腦化的應用環境

推動資訊化、數位化及雲端化的校園（王嘉祐等，2018）。

d）搜集學生的期望需求

綜合評估，設定校務品質欲改善的目的。

e）找出校務和學生期望間的落差

藉由規劃系統找出落差，並持續改進，消除潛在衝突與阻力，學習核心職能與相關標準比對（陳鴻基、張嘉銘，2001）。

f）教育訓練

組織提供不同階級有關品質規劃的能力之教育訓練（陳玄岳等，2005）。

g）管理模式

人事管理、出勤差價、福利保險、總務提案等改善整理（陳秋賢，2006）。

h）行政主管應跨功能協調管理

使教職員參與自我管理團隊及問題解決團隊，如：系所本位課程小組（張媛甯，2006）。

i）核心職能資料庫

應用現有組織掌說明書與工作職務分析法（陳玄岳等，2005）。

j）資訊透明

每學年定期公佈人事財務經費等相關重要報表和文件，提供全校教職生參考（黃永東，2008）。

k）運用 PDCA 循環持續改進的檢核機制

建立過程檢核與品質的管理系統（王嘉祐等，2018）。

l）建立學校行政預警系統

以發揮問題預防的功能（陳慶安、施信華，2001）。

m）開發成績處理、輔導作業處理兩系統（陳鴻基、張嘉銘，2001）。

n）建立績效衡量標準

作為評估系統的運作根據，並完整保留評估過程的所有紀錄（陳鴻基、張嘉銘，2001）。

o）工作評鑑

建立健全工作表現評鑑及視導制度，透過臨床視導使教職員隨時可獲得回饋。回饋制度的建立，可使學校管理階層有效掌握教職員之工作績效，亦可隨時審視其目標設定的合理性（郭虹珠，2006）。

- **領導層級**

  a）學校領導者角色調整

  在主導教育改進之設計時（領導者轉成支持輔助者角色），放下身段，充分尊重教育人員的專業能力（郭國銘，2002），並充分授權。

  b）應了解以品質為策略核心規劃方法

  適當規劃建立符合利害相關者的全面品質管理系統；組織經營分析與量化目標訂定能力，熟悉品質政策、資源規劃與品質技能展開、用對管理知識能力等方法，以滿足品質政策及目標達成（陳玄岳等，2005）。

  c）透過觀察訪談與文件分析

  訪談教育事務工作者對形塑校長領導力的觀點與文獻對話（陳郁汝，2007）。

  d）與教職人員共同討論的歷程

  建立學校的品質目標，促使全體教職員對學校的教育品質形成共識（林俊成，2007）。例如：學校校長利用校務會議擬定校內高品質教育的目標，作為學校日常運作與決策基礎。

  e）舉辦校務研討會

  首次針對如何建立高品質之教學、研究、服務水準等議題，做全校性

的討論（許麗萍、張家宜，2014）。

f）型塑學校創新文化

規劃建立學校行政的全面品質管理願景圖像，型塑全面品質管理的行政文化（王嘉祐等，2018）。以身作則承諾改善品質的決心，提供適當資源激勵成員具備實施全面品質管理之能力與信念（張媛甯，2006）。

g）建立全面品質管理教育委員會

促使實施品質改善，不同層次教育單位發展不同計畫，同時與其他學校組織委員溝通（辛俊德，2006）；校長或單位主管設立意見信箱，並定期於公開會議上討論（劉棻，2003）。

h）成立品質管理委員會

成立單位將品質管理列為學校重要工作指標（許麗萍、張家宜，2014）。

- **適用整體**

　　a）將各方相關情報與建議進行整合

　　b）建立滿意調查系統

定期檢視教職員工、學生及社區人士對學校各項教育措施的滿意程

度，俾為改善學校教育品質的參考（林俊成，2007）。

c）各院所科系校務經營應配合學校中長期計畫進行（胡倩瑜、張國保，2013）。

d）學校行政組織與會議運作透明

妥善嚴明、學校財務與校務資訊宜透明公開（胡倩瑜、張國保，2013）。

e）成立專職部門拓展國際化業務及活動（胡倩瑜、張國保，2013）。

三、功能面向分析

1）全面品質管理之優缺點分析

針對全面品質管理之**優點**，以功能面向分析如下：

・ **教學**

a）提升學生對教學的評價

全面品質管理有助於增進學生在課堂中的學習意願，並提升學生對於

課堂的滿意度。

b）塑造良好的教育環境

透過嚴謹且全面性的發展架構與完整計畫，促進整體效率與教育的質量。

- ## 研究

提高研究品質

透過完善的資訊系統及資源分配，有助於降低研究中所耗損的時間與人力成本。

- ## 服務

提升服務效率

在系統性的流程管理上，不但能抬升服務品質，且有助於避免品質事故的產生。

- ## 行政

a）有效實現組織變革，包含以下幾點

i. 增強適應力達到有效管理體系。

ii. 確立明確組織目的。

iii. 滿足行政機關的種種規定與限制（張茂源、蕭景文，2004）。

iv. 整合組織內的行政資源，規劃適當服務能量管理與建立員工高滿意度的制度（陳玄岳等，2005）。

v. 以權變、轉化領導增權賦能，提升組織執行力團隊（陳郁汝，2007）。

b）增加學校的核心競爭力，包含以下幾點

i. 提升資源分配之效率，包含財務、人力資源、資訊管理、流程管理等面向（許麗萍、張家宜，2014）。

ii. 強調創新，使學校能在特色發展上領先於其他同業。

- **適用整體**

a）目標具現化

全面品質管理有助於領導層落實學校執行力、未來之願景與改善目標等虛擬概念。

b）提升整體績效

有組織的架構使資訊能快速傳達，進而使資源之效益最大化（陳慶安、施信華，2001）。

針對全面品質管理之**缺點**，以功能面向分析如下：

- **教學**

  a）與過往經驗不合，易引起反彈

  全面品質管理源自於企業界，其執行層面上較為理性與客觀，教師們容易對於嚴格的評鑑制度產生抗拒。

  b）缺乏自我評鑑之制度

  目前的教育環境中，許多學校並無完善的自我評鑑制度與推行之動機，提高了導入全面品質管理之成本。

- **研究**

  理念過於模糊

  全面品質管理的原則較廣，且與過往的教育環境差異甚大，在實際執行上易發生問題。

- **服務**

  缺乏危機意識

  聘用制度與企業界不甚相同，在服務面上可能會因缺乏危機意識而導致未能落實品質承諾（林俊成，2007）。

- **行政**

  a）缺乏危機意識

  聘用制度與企業界不甚相同，相關人員可能會因缺乏危機意識而導致未能落實品質承諾（林俊成，2007）。

  b）難以持續執行

  行政人員的流動率與職位之變動率若較為頻繁，則難以維持全面品質管理過程與確保整體品質。

- **適用整體**

  全面品質管理容易失焦，具有以下幾點原因：

  a）需長時間投入高成本，方能見到成效。

  b）並無嚴格把關改善之時效與程度。

2）全面品質管理之挑戰風險分析

針對全面品質管理之**挑戰**，以功能面向分析如下：

- **教學**

  「教育服務」為抽象產品

  難以標準化與量化，不容易實行全面品質管理。

- **研究**

   社會角色轉變

   從提供知識給社會大眾，轉變為從民眾蒐集辦學建議（林俊成，2007）。

- **服務**

   配合意願低，未能徹底落實之主要原因：

   a）對於「以客為尊」教育理念模糊。顧客導向的品質觀念管理用語使教職員認為教育市場化會失去專業權（張媛甯，2006）。

   b）缺乏「持續改進」觀念（林俊成，2007）。

   c）缺乏危機意識（林俊成，2007）。

   d）行政負擔加重（林俊成，2007）。

   e）安於現狀，對實施變革有排斥心理（黃振育，2005）。

- **行政**

   將評鑑與全面品質管理目標結合，提升個人誘因（林俊成，2007）。

   a）以個人生涯規劃取代人事評鑑。

   b）學校缺乏完善的自我評鑑系統。

- **適用整體**

    a）思維與組織分工模式改變（林俊成，2007）

    i.　從組織導向的控制變為顧客導向。

    ii.　從固定的標準變為持續進步。

    iii.　從階層式控制到全員參與。

    iv.　從垂直分工變為水平分工。

    v.　從外部監控式的品管變為自我監督式。

    b）缺乏適當的方法與工具（黃振育，2005）

    c）領導層級對全面品質管理原則缺乏充分了解

    對全面品質管理由領導層級往下屬推行的原則認識不清，領導階層認為是一種可交由承辦單位推行的活動（黃振育，2005）。

    d）缺乏積極挑戰性的目標

    以品質、成本、交期為改善目標是必須的，但企業仍應訂定具有挑戰意義的目標，如 Motorola 對六標準差的追求（黃振育，2005）。

    e）需克服有限資源分配的難題

    如時間、人力、財力（張媛甯，2006）。

    f）資料系統化

    經驗與資料的系統化紀錄、累積，如建立資料庫、資源中心（林俊

成，2007）。

g）忽略品德管理

以數理科學為依據的全面品質管理可能忽略人文面品德管理（Total Ethical Management, TEM）或管理是以人為本的重要性。

全面品質管理之**風險**以功能面向分析如下：

教學、研究、服務、行政皆面臨的風險：過多改進措施將造成工具過度繁殖，資源不夠分配（林登雄、汪俊在，2006）。

3）全面品質管理之原則分析

針對全面品質管理之原則，以功能面向分析如下：

・ 教學

a）教學進行驗證

進行教學評量之品保驗證、檢驗教職員之發展及訓練是否配合學校目的、檢驗建立及維持績效的結果。

b）建立教育訓練計畫方案

建立教育訓練計畫方案，提供教師專業培訓及增能。

c）教學原則

以學生為學習主體、持續不斷改進品質的，並強調過程與結果兼顧（王嘉祐等，2018）。

- **研究**

增進實驗室品質

實驗室管理階層應確保操作特定設備、執行試驗與（或）校正工作、評估效果、以及簽署試驗報告與校正書的人員之能力（陳玄岳等，2005）；改進並使實驗室認證體系完整。

- **服務**

a）顧客（學生）導向

每一個教職員協力滿足顧客需求品質與服務，各院所檢查學生的期望及需求，及其對學校所供服務之滿意度。

b）遠景與品質結合的核心策略

學校願景結合品質為核心策略，建立全面品質管理系統規劃，訂定學校政策與目標，以系統化方式實施全面品質管理，讓校內所有人員重視品質，改善品質缺失，以達顧客滿意（陳玄岳等，2005）。

- **行政**

　a）全面品質管理原則於行政方面的概念

　i.　重點行事：28 法則，解決 20% 問題的原因事項，則解決 80% 的問題（張峻源，2020）。

　ii.　防患未然：提出措施，改善流程，避免再出現類似的問題。

　b）事實管理

　　需隨時掌控最新及可靠的訊息和資料（包括校園教職員工各項行政工作反映及表現與學生的需求、期待）。

　c）以組織為行動單位

　　內部品質稽核活動以小組方式為單位，設立全面品質管理組織委員會，每位成員應查驗校內行政作業流程之績效（徐自強，2003）。

　d）以全面品質管理發展校務策略之原則

　i.　建立「學生學習成效為導向的品質保證機制作為校務發展策略（胡倩瑜、張國保，2013），理解校內近、遠程的工作計畫內涵，以及如何將重要的教育品質要求，融入校務工作中。

　ii.　透過持續改善目標、加強教職員的教育訓練、領導者有效的帶領、排除各處室間的障礙以完成變革。

e）需高階教職員的支持與承諾

校長及高階行政主管領導，試圖了解校長如何創造與維持明確的教育品質觀，持續追求高品質的教育成果，使全體教職員和學生，都能有卓越的表現。

f）由上到下的目標訂定與執行

需由學校上級領導者訂定年度目標，同時垂直延伸及水平開展到各層級，再由各層級自訂改善計畫，最後成立個別或跨部門品質改善小組解決任務，並向下授權（楊念湘、陳木金，2011；紀勝財等，2005）。

g）緊急與非緊急事件發生之處理原則

在緊急事件發生當下，應以「應變措施」為重；若當下無緊急事件，「再發防止對策」較能達到對「下一次傷害避免」的目的（徐自強，2011）。

• 適用整體

a）整體概念原則

i.　全員參與、顧客滿意、全員有警覺性、自律、自重（反省）、不自私、講真心話、具備正向道德操守、技術與人文素養（張峻源，2020）。

ii. 積極培養「全面品質管理」專業知能（林俊成，2007）；落實全員參與，共謀校務發展進步。善用全面品質教育指標，檢視校務經營成效。

iii. 品質循環 PDCA 是一套系統性的活動，由校內全體組織以有效率的方法，共同達成校務目標，且在適當時間，以適當的價格，提供滿足學生一定品質要求的教學、行政與研究服務。

iv. 文化改革：摒棄既有的企業思考模式、思考傳統學校的改變及對官僚體制的檢討認清企業全面品質管理現況。

v. 樹立文化：強化學校組織文化。

vi. 教育管理：檢查流程管理的重要因素，包括以學習者為導向的教育設計、教學、服務和行政作業。

vii. 成熟的管理系統中，關鍵教職、行政人員能發揮最大化工作價值，教學、研究或行政服務能協助學生的永續存在。

b）管理階層原則

i. 兼顧管理的品質與品質的管理，前者指各階層的管理者們，後者指與品質有關事務的管理（林公孚，2007）。

ii. 管理層發現問題原點、分析解決問題、超前設定、認清小事與大

事（20/80 做事原則）、具有健康（品質）第一之理念，先義後
利（張峻源，2020）。

iii. 學校利害關係人發展：有效的領導統御、好的教育管理、有效的
人力資源管理和多功能的資訊管理，可以協助界定出學校利害關
係人的動態關係管理（黃永東，2008）。

c）管理經營策略

i. 全面品質管理提供學校重視教師專業內涵提升、加強教學與行政
團隊合作的經營策略。

ii. 過程導向、系統導向管理、積極引進系統化管理策略與工具、完
整並改進原有品質管理系統（陳秋賢，2006）。

d）品質管理原則

i. 兼顧管理的品質與品質的管理（林公孚，2007）、品質承諾、品
質責任原點化，釐清品質缺陷發生原因，消除潛在問題，回歸個
人品質責任（品質月刊記者，2009）。落實執行至每位基層行政
人員，以激發全校教職員工之品質意識與責任。

ii. 強調科學的方法，以統計方法與資料作為改進之依據。

iii. 尊重人性，將品質融入對教職員的待遇、啟發於各個層面中（林
公孚，2010）。

- **其他**

    a）新的品質管理哲學

    i. 停止仰賴大量的檢視以獲得品質，終止短期價值導向的商業交易行為。持續地改善系統、免除成員的恐懼、消滅口號、標語和告誡、消除數字配額、移除剝奪成員榮譽感的障礙（楊念湘、陳木金，2011）。

    ii. 組織中很少個別之品質被抱怨，多是因總體品質而被抱怨。

    iii. 在目的為「了解產品批品質狀況」下，全數檢驗才能把此被預期的結果表現出來。

    iv. 應以廣泛管理角度將包含校務目標的外部價值、內部價值及職員/中介價值，全面性展開進入常態性的虛擬價值管理（陳燕坦，2009）。

4）全面品質管理之操作方法分析

針對全面品質管理之操作方法，以功能面向分析如下：

- **教學**

    a）營造融洽工作環境

    學校設置教職員聯誼、福利或學術等社團，可以營造出融洽的工作環境（黃永東，2008）。

b）加強職前教育訓練

提供教職員全面品質管理基本觀念及技術方法，包括團隊合作、問題解決、評量方式、資料蒐集與分析法、基本統計（黃永東，2008）。

c）教學重心改變

教師應將重心放在教學過程重於結果，並破除唯一答案之迷思提供學生思考的空間發揮創新的精神（黃誌坤，1997）。

d）提供多元學習管道

講課／研究／建教合作／海外研習之教育途徑、遠距教學／網路教學／視聽教學，除增廣學生學習層面並可滿足隨時隨地的學習需求（黃永東，2008）。

e）經常舉辦教學研討會

鼓勵教師相互觀摩，俾能利用各種教學策略、技術或理論，分享專業知識和經驗（黃永東，2008）。

f）篩選學生

學校充分展現特色和優點，選擇合適的學生入學。

g）建立學習的組織

積極鼓勵教職員從事在職進修，或是成立讀書會，提升教學及行政工作素質（黃永東，2008）。

h）建立教學品保系統

教師教學品質攸關學生學習成效，應逐步推動教師評鑑制度，建立及時有效的教學品保系統，透過獎優汰劣制度的推行，使教學品質能有效提升，教師能積極充實自我（張惠萍等，2010）。

i）透過多元的學習評估機制

指標能力檢核、測驗藍圖、雷達分析圖等，直接評估學生學習的進展；亦可透過教師評量與學生教學反應評量，間接評估出學生學習成效，發現學生學習活動評鑑不佳時，應繼續追蹤，並謀求改善。有效衡量包括學生滿意度調查、學生對話和論壇、產業需求和滿意度調查、教學和學習有效性評估。持續地調查學生的期望，整合意見以作為校務運作參考依據（胡倩瑜、張國保，2013）。

j）教師分級制

使教師在生涯規劃上有一生涯階梯（Career Ladder），促成教師之專業發展。而教師分級制建立的同時，亦應配合建立一套指導制度（Mentoring Program），激勵資深教師或員工指導新進人員，使其共同成長。學校應結合專業團隊的運作，給予授課教師全方位的支援，針對教師需求與困難，依現有資源給予教師滿足感（郭虹珠，2006）。

k）教師評量篩選機制（詹震寰，2007）

i.　邏輯程序：異常標準之篩選機制應確認邏輯。

ii.　品質管制目標作為檢驗準則：觀察數據，尤其極端數據。

iii. 時間序列觀測：驗證經過時間序列能提升教學品質。

- **研究**

　a）學生角色重新定位

　學生既是消費者，亦是教育工作的一員，又是教育產品的主體，此是全面品質管理給予學生新的角色定義（郭國銘，2002）。

　b）校務研討會

　舉辦第一次校務研討會，首次針對如何建立高品質之教學、研究、服務水準等議題，做全校性的討論。

　c）資料系統

　建立學習資料或知識庫、資源資料庫系統（洪秀燊，2007）。

　d）學生獎助辦法

　訂定學生學術研究獎補助辦法，鼓勵學生進行學術研究（黃永東，2008）。

　e）教師獎助辦法

　訂定相關教師學術獎補助辦法，提供研究補助款，提升教師研究水準和品質（黃永東，2008）。

- **服務**

  a）服務改善目標

  蒐集學生的期望需求，綜合評估，設定校務品質欲改善的目標（陳鴻基、張嘉銘，2001）。

  b）規劃服務反饋系統

  藉由規劃系統，找出校務和顧客期望間的落差，並持續改進，消除潛在衝突與阻力（陳鴻基、張嘉銘，2001）。

  c）界定各項目標

  必須明確界定學校之顧客與供應者，以利實施重要目標。依序為提升教育品質、提升競爭力、營造品質文化、達成發展願景與目標、提升學術聲望、強化財務能力、提高顧客滿意度（林俊成，2007）。

- **行政**

  a）建立全面品質管理願景

  規劃建立學校行政的全面品質管理願景圖像，型塑全面品質管理的行政文化，塑造學校經營願景（王嘉祐等，2018）。

  b）核心策略規劃

  高階主管應了解以品質為策略核心規劃方法，適當規劃建立符合利害相關者的全面品質管理系統；組織經營分析與量化目標訂定能力，熟

悉品質政策、資源規劃與品質技能展開、放對管理知識能力等方法，以滿足品質政策及目標達成（陳玄岳等，2005）。

c）舉辦校務研討會

首次針對如何建立高品質之教學、研究、服務水準等議題，做全校性的討論（黃永東，2008）。

d）成立全面品質管理品質管理委員會

將品質管理列為學校重要工作指標，推動全面行政流程標準化、書面化與內控制度，以作業時程為主，處室分工為輔，逐步導入學校行政系統（林俊成，2007）。

e）組織合作運行

各科系校務經營應配合學校中長級計畫進行，學校行政組織與會議運作妥善嚴明、學校財務與校務資訊宜透明公開，成立專職部門拓展國際化業務及活動（胡倩瑜、張國保，2013）。

f）建立行政電腦化的應用環境

推動資訊化、數位化及雲端化的校園（王嘉祐等，2018）。

g）開發行政系統

包含成績處理、輔導作業處理等系統，及學校行政預警系統，以發揮問題預防的功能（陳慶安、施信華，2001）。

h）總務提案

對於人事管理、出勤差價、福利保險、總務提案等改善整理，並每學年定期公佈人事財務經費等相關重要報表和文件，提供全校教職生參考（陳秋賢，2006；黃永東，2008）。

i）核心職能

應用現有組織掌說明書與工作職務分析法完成核心職能資料庫（陳玄岳等，2005）。

j）教育訓練

提供不同階級有關品質規劃的能力之教育訓練，學習核心職能與相關標準比對，並應用現有組織掌說明書與工作職務分析法完成核心職能資料庫（陳玄岳等，2005）。

k）提高教師與學校事務的層面

鼓勵教師積極參與校務行政工作，藉以凝聚追求教育品質的共識，並設置獎項鼓勵參與行政之教師（林俊成，2007）。

l）提案制度

加強行政層級溝通聯繫，使學生與教職員能直接參與，使全體透過更多討論與溝通來提升對問題的共識與改善意識（郭國銘，2002）。

m）單位交流

加強各行政單位的互動與交流，增進對彼此業務的了解，藉以消除障礙與隔閡，發揮團隊整合的力量（林俊成，2007）。

n）成立協調團隊

行政主管應跨功能協調管理，使教職員參與自我管理團隊及問題解決團隊，如：系所本位課程小組（張媛甯，2006）。

o）運用 PDCA 循環持續改進的檢核機制

建立過程檢核與品質的管理系統，作為評估系統的運作根據，並完整保留評估過程的所有紀錄（王嘉祐等，2018；陳鴻基、張嘉銘，2001）。

p）工作評鑑

建立健全工作表現評鑑及視導制度，透過臨床視導使教職員工隨時可獲得回饋。經由回饋制度的建立，可使學校管理階層有效掌握教職員工之工作績效，亦可隨時審視其目標設定的合理性（郭虹珠，2006）。

• **適用整體**

　a）設置社團

　設置教職員聯誼、福利或學術等社團，可以營造出融洽的工作環境（黃永東，2008）。

b）管理模式

人事管理、出勤差價、福利保險、總務提案等改善整理（陳秋賢，
2006）。

四、訪談問題收錄與結果統整

1）國立清華大學

2013 年，清華大學榮獲了第 23 屆國家品質獎，順利的將全面品質管
理引入了大學教育機構中，為後來者樹立良好的典範。遙想當初清華大學
在申請國家品質獎時也曾經歷了一番思考，但在當時身任主任秘書的簡教
授全力推動下，清華大學成為了第一所榮獲國家品質獎的國立大學。在這
次訪談中，簡教授提到了以下幾點引入全面品質管理須注意的事項：

・以國家品質獎為目標

清大是針對國家品質獎規劃全面品質管理機制，國家品質獎委員到清
大兩天視察，清大針對評審委員的建議進行回覆與機制設計。

- **把現有組織進行梳理**

　　最重要的調整是秘書處多加一位執行秘書（事務官公務員），主要負責財務規劃（包含募款）及成立基金會，且要設計完善的投資規劃。

- **讓所有人明白自己的任務與定位**

　　學校領導層可設計一個大方向的架構，使所有單位人員能夠在該架構中找到明確的定位，明白自己的目標與使命。

- **不干預既有組織**

　　如果原來進行的工作已經有不錯品質，那就不加以干擾（他們幾乎沒有談到教授應該如何進行品質管理），估計教授原本所進行的教學、研究、服務已經不錯，因此就照原來方式進行，無需特別干涉。

- **減少行政單位與教授們溝通的鴻溝**

　　若是行政單位與教學人員直接溝通，有可能會產生誤會與延宕。教授建議在執行面上，可由執行秘書或副主秘召集各院秘書進行開會，透過他們將行政方針傳達給各院院長。

- **整合既有的評量機制**

　　雖然各單位已經有相關的品管機制，但是各部門的表現狀況並不代表

整體的表現情況。因此，各單位的整合仍有其必要性。

- **持續喚醒全面品質管理的初衷與願景**

　　即便有良好的制度與操作方法，但須謹記當初設定全面品質管理的初衷與願景。簡教授認為重要的是全面品質管理本身的精神，過於強調流程反而會使整體過於機械化，校方要做到的是要提高各單位人員執行全面品質管理的決心。

- **組織文化優先於操作面**

　　對於學校組職來說，校方的大方向，像是：使命、願景和LOGO等等，需先統合；之後再開始推動全面品質管理的實行步驟。

　　根據以上訪談結果，可以得知清華大學更注重的是全面品質管理本身的精神，而現存的組織架構則無需做大幅度的更動；除此之外，清華也再三強調國品獎的重要性，並透過國品獎的評分標準來改善校內之品質流程。

2）臺北醫學大學

　　臺北醫學大學於民國99年榮獲「第20屆行政院國家品質獎」，是繼邱文達校長（第11屆）及附屬醫院萬芳醫院（第13屆）之後，北醫大團

隊第三度獲得國家最高品質獎的肯定。臺北醫學大學目標為以醫學教育為本，生醫臨床為用，具社會影響力的創新型大學，在這次訪談中，施教授與林主任提到的要點如下：

• 訂定清楚願景、目標、策略和定位

願景等策略型目標由秘書處做前期主軸規劃，經各處室一級主管以及執行專案同仁進一步確認，二級以上主管參加共識營，最後向董事會報告。北醫願景從研究型大學轉型為「具有社會影響力的創新型大學」。每十年重新訂定學校定位與核心價值。清晰願景和目標有利建立共同價值觀進而凝聚組織文化。

• 各級主管共識凝聚之重要性

開設卓越領導學院，此為各級主管的共識營，落實於校級、一級、二級主管，培育主管品質管理思維，深化高階主管領導力。

• 稽核組的獨立性

稽核組目前隸屬於校長室，以全面普查為原則，具校務執行的獨立性。

- **設立內部控制委員會**

　　針對人事、財務、營運等事項建立健全內部控制制度，並進行自我監督管理，並另設立內部控制委員會。

- **新增循環控制項目**

　　除了以「單位」來做稽核外，還有以「事情」來做稽核，將原本的內部控制業務歸類至循環控制項目。擁有循環意涵與提高跨單位的溝通效率，強調橫向跨單位工作執行。

- **從風險評估循序漸進的導入**

　　後端行政從已有的事實執行內控稽核，落實風險評估作業，依照業務風險的發生可能性，影響程度來評估風險（各單位皆須執行）。針對評估結果規劃稽核計畫（稽核處負責），藉此加強控管或降低風險。北醫建議公立學校從風險評估，循序漸進的導入同仁抗拒心態較低。

3）元智大學

　　元智大學陳啟光教授在全面品質管理上深耕 30 餘年，從產業、政府機關的協助，一直到在國際期刊上發表許多學術研究，也是元智大學第一屆校長王國明導入全面品質管理時所指派主要規劃的負責人。其強調全面

品質管理最重要的就是：

- **學校的願景與使命要清楚**

  建議陽明交大應先清楚訂定合校之後的願景與使命，如元智大學當初導入全面品質管理時便有「卓越、務實、宏觀、圓融」的教育理念。

- **校長與一級主管共同規劃出學校發展的策略方向**

  全面品質管理為一個管理的方法，涵蓋所有的部門與成員參與。校長是領導者，需要積極參與，從校長由上往下帶領學校職員實踐。校長扮演策略管理角色，如元智大學當初的策略規劃是由校長召集副校長、級長、主秘及校務長等一級主管，密集調整策略規劃。

- **策略發展方向清楚，才可以落實到教學、研究、服務、行政**

  建議陽明交大可以從具體的策略規劃開始執行。他說明元智大學在導入全面品質管理時著重校務規畫與績效管理（KPI）以及招募資訊人才，中段展開時加入教學品質管理與行政卓越（e化）之計畫，而所有計畫每年皆會調整改善。他強調元智大學導入全面品質管理會成功是因為有源頭的規劃，也有最後結果的管理。這些管理制度落實於教學、研究、服務與行政方面，每個方面皆有實際資訊系統支援，就如同企業的 ERP 系統。

- **策略發展方向如何落實到教學、研究、服務、行政。要由相關單位來規劃。例如教學就有教務處負責、研究就由研發處負責，等等。**

在教學方面，要投注心力並掌握學生的學習狀況，以培養為社會所需、企業所用的人才為目標；研究方面，學生完成論文之後，老師要親自繼續加強、改進再投稿，在論文發表上居於領先地位。行政方面，建議行政人員遇到問題時，以多元面向（如學生面、學校面、資源面等）去評估，並產出報告書，以避免同樣問題一再發生。而相關單位須各司其職，制定並執行具體計畫，如當時元智大學推動全面品質管理的主秘，就負責分配資源。學校亦須有完善的評鑑計畫來檢核各單位實行狀況，並持續改善。

- **校長領導全校師生，凝聚共識，提升教職員對品質提升文化的認同。**

領導者為了鼓勵全員參與，使他們感受到實質報酬，可以給予教職員適當獎勵。另外，以潛移默化的方式來提升全校職員對全面品質管理的認同。例如元智大學實施績效管理之初，老師們皆為自身職業安全性感到緊張，在領導團隊持續溝通下，老師們才逐漸發現此系統能幫助其審視每年在教學、研究、服務的績效，並有方向地改進。全面品質管理是漸進式的過程，需要培養教職員的習慣性。

- **要有一個架構，幫助教職員了解學校整體結構，讓所有教職員可以了解自己在整體結構的定位，並得以思考自己所扮演的角色如何提升學校的運作效率。**

　　全面品質管理是一個漸進式的變革管理方式，因此建議先規畫好整體架構，讓教職員能清楚學校的願景與目標，並逐漸看見學校的未來，便願意參與變革，同時參與者能漸漸在整體架構中找到自己所扮演的角色與定位。全面品質管理架構的三大主軸為架構、技術、文化。其中架構包含策略、結果評估、控制所有策略發展、策略管理及績效的資訊系統；技術包含大數據資料庫、機器學習等；文化是潛移默化的漸進式變革。另外，在架構設立上，可參考美國國家品質獎（MBNQA）的模式，其架構包含七個構面，從領導者開始，接著是策略規劃、外在環境市場、顧客、人力資源管理、系統設計，最後是結果，還有一個構面是資料分析。

- **要有良好的激勵方法或者是獎勵制度，例如提供足夠的資源與獎金。**

　　領導者在規畫資源分配時，可以分配一定程度的資源到教職員的獎勵上，以及在規畫績效管理時，獎勵制度也應一併考量。當教職員感受到實質報酬時，會提升他們參與的意願。

- **以最小的干預，讓教職員在不知不覺當中可以對提升品質做貢獻。**

　　導入全面品質管理是一個漸進式過程，不須著急於做巨大改變，而是

從小處著手，逐步改善使整體計畫漸趨完整。可從小規模著手，如以個別院所或小單位開始。如元智大學當初也是從小組開始執行策略規劃，其他人便跟著做，因此促成全員參與。

- **要以謙虛的態度來面對品質管理的各個面向**

全面品質管理有四個原則：顧客導向、事實管理、全員參與、持續改善。這四個原則可以以一句話總結，就是 "be humble"。顧客導向是 be humble to others（學生、企業、校長、職員等）；事實管理是 be humble to evidence；全員參與是 be humble to co-worker colleague（團隊）；持續改善是 be humble to your outcome，謙虛接受成果並持續改進。

綜合上述，給予陽明交大的建議為：1. 明確願景與使命願景；2. 策略規劃：成立由校長與一級主管組長的策略小組，規劃策略並進行資源分配；3. 整體架構規劃：遵循全面品質管理的四個原則（顧客導向、事實管理、全員參與、持續改善），以及三大主軸（架構、技術、文化）來建立架構並制定行動計畫；4. 各單位執行計畫與 KPI 設立。另外，由於兩校剛合併，在制度、系統、法規等方面尚有許多未整合之處，而這個時機點正是導入全面品質管理的好時機，因為校長可以由全面品質管理著手，由上往下地領導教職員邁向新願景與未來。現今的全面品質管理逐漸趨向顧客、設計、研發、策略及創新，創新是現在相當重要的元素。

4）淡江大學

張德文教授是淡江大學品質保證稽核處的處長。張教授強調全面品質管理最重要的就是：

• 成立品質管理相關委員會

「品質管理委員會的成立」是推動品質管理的關鍵。品質管理委員會直接隸屬於學校，學校一級單位主管都是品質管理委員會的當然成員，而該組織在淡江大學所有品質管理活動中，扮演了高達 50% 的角色，統籌規劃所有全面品質管理相關的事務（例如品質管理競賽、共識營、稽核等）。此外，校外意見、長官的指示與共識營提供的建議，都會匯入該委員會。

• 品質管理偏重於「原則」

淡江的品質管理偏重於「原則」，希望各單位的運作方式可以符合品質管理之「原則」，進而成為「自主」全面品質管理，將其落實與生根於各階層的單位。不過，儘管淡江實施全面品質管理二、三十年，目前也只是校級（一級單位）有成，無法落實每一個階層的單位，但僅此就對學校有很大的幫助了。

- **全面品質管理業務主要著重在「品質活動」和「稽核」**

a）品質活動

淡江會舉行教學與行政革新研討會，其實就是品質管理共識營，融會貫通各方意見。此外，淡江有兩項校內品質管理競賽，分別是「淡江品質獎」與「品管圈競賽」，前者為模仿國家品質獎的八大構面，鼓勵各一級單位參與，希望參賽的各單位熟悉國家品質獎的氛圍，進而將品質管理的觀念，內化於所有人員的觀念中；後者為針對單項業務進行品質競賽，鼓勵校內的二級行政與教學單位參與。

b）稽核

淡江的稽核，主要是針對行政單位的稽核（參照教育部所提供行政相關的品質管理流程）。而稽核分為「內部控制作業流程」與「個資管理之內部稽核」。前者，每一年召開一次會議，檢視是否修正內部控制手冊，並針對學校董事會財務的訊息進行監督與資訊揭露，稽核結果最後會陳送董事會。後者，一學期一次稽核，稽核員們前往各單位針對單向重要業務（行政業務的流程），分門別類列冊，分工進行抽查稽核。此外，教學單位則由傳統 KPI（例如論文發表、計畫、升等……）來查核，與他校無異。

- ## 全面品質管理制度最佳的導入策略

a）導入的時間是重要關鍵

導入時間是重要關鍵，學校要力求穩定，在談品質提升。陽明交大應先求結構穩定，等合校一段時間之後，再來談品質管理機制導入。

b）導入的過程應為漸進式

導入過程應為漸進式，先針對一級單位進行全面品質管理，待一級單位進行順利之後，再思考二級單位如何運作。並非同一時間導入兩個層級。

c）利用「最小的干預」，達到「最大的成效」

淡江在教學、研究、服務的品質管理過程跟其他學校差不多。並沒有因為導入全面品質管理而對教學、研究、服務有太多新的管理機制，例如：評鑑已經存在，可將既有的制度融入新的全面品質管理制度。因此，很多老師並沒有感受到全面品質管理的導入。所以，最少的干預（先由一級單位與主管開始運作）讓大部份老師們在不知不覺當中對品質管理做貢獻，即為做最小的干預，產生漸進式適當的影響，達到最大的成效，才是最佳的導入策略。

五、座談會討論與共識統整

　　為使陽明交通大學領導人以及全面品質管理推動之相關執行人員能夠從他校經驗學習，並且透過討論達成共識，陽明交大在 111 年 1 月 28 日舉行全面品質管理座談會。此次座談會由陽明交通大學蘇信寧教授籌畫，邀請榮譽校友施振榮董事長分享王道管理之觀念，以及清華大學金仲達主任秘書、臺北醫學大學施純明主任秘書、元智大學陳啟光教授及淡江大學章德文稽核長來分享全面品質管理執行經驗。國立陽明交通大學林奇宏校長以及程海東策略長亦提出陽明交通大學實行全面品質之願景作為全體目標。其他與會人員包括陽明交通大學的李鎮宜副校長、簡仁宗執行長、鍾惠民院長、黃宜侯副院長、江素倩助理研究員、高國揚教授、林士平教授及多位學生。

1) 施振榮董事長

　　施振榮董事長為國立陽明交通大學之榮譽校友，其提倡之「王道」觀念被視為經營公司組織的重要概念。施振榮董事長所提倡之王道並非是千年前的帝王之術，而是組織的領導之道。在此次會議中，施振榮董事長講述了王道之觀念，並以此為核心思維發表了組織與品質管理時須謹記之事項。

- **王道三大基本核心信念：永續經營、創造價值、利益平衡**

　　王道有三種基本核心信念，即要創造價值、要考慮所有利害關係人之利益平衡以及訴求組織永續經營。以上三點為王道之基本價值觀，領導人須隨時以此警醒自身。

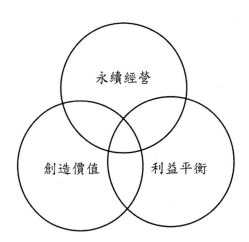

圖 7-3：王道三大基本核心理念
資料來源：施振榮（2015）

- **王道核心價值六面向：有形、直接、現在、無形、間接、未來**

　　顯性價值為：有形、直接、現在，此為組織成員較能明顯感受到之面向；然而，領導人還需要考慮三項隱性價值：無形、間接、未來，三項隱性價值對於品質影響甚大。六面向價值之平衡發展可達長期總價值的體現。

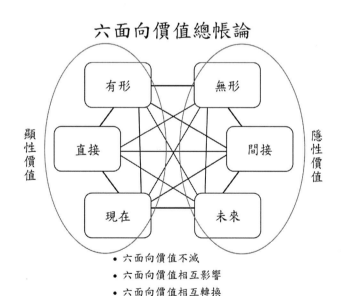

圖 7-4：王道核心價值六面向
資料來源：施振榮（2015）

- **利益平衡是動態的相對平衡**

　　談組織品質與社會價值為客戶端與供應端共同創造，冀以領導者透過不間斷的溝通以發揮團隊力量與促進合作，以動態的方式持續調整以求進步；然而絕對平衡於現實中難以實現，在此處強調的是相對之平衡。

- **品質是符合預期的**

　　品質並無絕對標準，品質即為組織的「期待值」；產品規格與標準作業流程則是滿足期待之管理方式；在管理過程中，領導者應維持充分之溝通，以避免組織內的期待值有所落差。

- **人員管理為全面品質管理的成敗之處**

　　全面的概念為人事物之全面，其中最關鍵的因素為人的品質管理。領導人須密切稽核組織之全員是否有達到標準之流程。

- **倚靠利益平衡之管理以創造價值**

　　創造價值之目標並非全社會，而是與組織有利害關係之範圍。領導者透過平衡此範圍中所有關係人之價值，以體現隱性價值且兌現顯性價值。

- **品質與形象即是談「一致性」**

　　王道的基本觀念訴求組織成員所想、所講與所做的皆需一致，一致性

則會促使規格與標準流程的產生，進而樹立良好的品質與組織形象；當領導者落實基本信念，便能由上而下成為組織多數人的行為基準，使基本信念蛻變為組織文化。

- **組織治理之原則為：誠信、公平、透明、負責**

　　誠信維繫供應端與客戶端之情感，組織所聲明之品質須以現實情況輔佐，不可過於誇大；後續如有問題則組織需承擔起責任，此為品質管理之基礎。

- **建構全面價值管理的系統，落實於陽明交大，貢獻於世界管理學領域。**

　　建議在王道經營管理研究中心，始動一個「全面價值管理」（暫譯，Total Value Management）計畫，可從醫院與教育機構的角度出發，其核心內涵還是在於傳遞價值（deliver the value）。而「全面價值管理」的觀念，在全世界中也相當新穎，建議在這個議題上，參考全面品質管理，快速的在未來建構此系統，爾後，同時可以落實在陽明交大的發展之中，且可能變成臺灣的管理學對世界一個具有原創性的貢獻。

2) 清華大學金仲達主任秘書

• 全面品質管理須謹記永續與確立組織文化

當年清華大學在塑造全面品質管理體系時，由簡禎富教授一手領導，並榮獲國家品質獎；然而在獲獎之後，應持續全面推行全面品質管理，並以組織文化為依歸來保持其動力。

• 溝通為解決組織合併之關鍵

清華大學在與新竹教育大學合校中，清華大學大幅減少在行政上的直接干涉，轉而透過雙方間有效之溝通來處理併校上之艱困事宜，使雙方在併校過程中減少摩擦並規避了許多問題。

3) 臺北醫學大學施純明主任秘書

• 組織文化是計畫推動最重要的關鍵

如何高效率、高應變能力與組織共存？應以型塑共識與凝聚組織文化最為關鍵，擁有整體組織的共識，可藉此使品質與效率共存，使後續推動計畫進行更為順利。

- **組織變革中需要積極面對 C-SOP 之議題**

　　C-SOP 是組織在變革轉型過程中，必須積極面對與思考的四類互為關聯之議題，包括「策略布局」（簡稱 Strategy）、「組織協同」（簡稱 Organization）、「興業領導」（簡稱 People）與「文化形塑」（簡稱 Culture）。其中「策略布局」、「組織協同」、「興業領導」皆都圍繞著文化，可見文化之重要性。

- **VAM 願景式領導之重要性**

　　願景領導是指組織可靠的、真實的、具吸引力的未來，代表所有目標努力的方向，能使組織更成功、更美好。在組織發展推動全面品質管理的過程中，領導者擁有願景可推動計畫更加成功，是組織現況與未來景象間的重要橋梁。

備　註

V 代表 vision，指最高領導人的願景；A 代表 alignment，指整體共同向前；M 代表 motivation，指提供適當激勵措施增加動機。

- **北醫設立卓越領導學院**

　　北醫所設立的卓越領導學院，為特別開設給主管之課程，分為中階主

管課程，高階主管課程，深化課程培育接班人。使各階主管利用假日上課充實，透過課程讓各主管都能夠理解共同語言（VAM、C-SOP）。

- **認同「在最小干預下把事情作好」之推動理念**

北醫由卓越領導學院課程培育接班人，在最小干預下把事情作好，也由此將學校定位由研究型大學改為創新型大學，加強高效率與高應變能力。並在導入品質管理的過程中，將其內化為內部文化，展現品質與效率。

4）元智大學陳啟光教授

陳啟光教授自擔任王國明教授在清華大學研究所的指導學生以來，在全面品質管理領域已深耕超過三十年。其為元智大學全面品質管理基因的傳承者，繼承王國明校長創校時開始推動的全面品質管理，在擔任主任秘書這段期間將校長的想法化為行動，落實至校園內，也曾與瑞典品管大師合作發表十多篇學術論文，並啟發續任者持續將全面品質管理基因刻劃在元智的脈絡中。在業界實務經驗方面，陳啟光教授曾參與淡江大學動全面品質管理的歷程，亦在臺北醫學大學爭取國家品質獎時擔任評審。

- **針對全面品質管理實施於高等教育提出三個需注重的面向**

  ### a）長期策略

  講求效能與建立長期指標，包括文化共識的凝聚以及支持學校長期推動全面品質管理的資訊系統。

  ### b）運作系統

  校務運作包含教學、研究與服務三大系統，講求系統運作效率。

  ### c）人力資源

  講求全員參與及持續培育全面品質管理人才。

- **進一步提出對陽明交通大學的兩點建議**

  ### a）成立推動組織

  研究兩校合併後的整合機制。在「一樹百穫」與「王道文化」的架構下，提出具陽明交通大學特色的「王道卓越全面品質管理」模式，融合兩校的管理機制與文化，並展望創新未來。

  ### b）融合新舊觀念

  並重傳統有效率的方法與科技趨勢，使全面品質管理能與時俱進，成為陽明交大發展自我特色與追求卓越的利器。

5）淡江大學張德文稽核長

淡江大學從民國 81 年開始導入全面品質管理機制與文化，至今已 30 年。最早是成立教育品質管理委員會，為今日之品保處，而後也設立校務研究中心，根據事實（數據）推動全面品質管理，進行數據的管理考核。此兩單位為淡江大學推動全面品質管理之主要組織。

• 全面品質管理中人本精神之重要性

全面品質管理六大核心原則：領導承諾、全員參與、全面管理、事實依據、顧客滿意、持續改善，皆為以人為本。可見人本精神為導入全面品質管理機制重要核心。

• 利用雙向循環 OKR 進行未來管理考核

PDCA 循環管理由原先的 KPI 指標（由上而下）改為以 OKR（雙向循環）為指標，成為雙向循環的管理考核機制。

• 全面品質管理機制以行政單位為主

淡江大學將全面品質管理機制主要導入行政單位，不強加於學術單位，強調自主化（內化）。認為學術單位原先之相關活動已擁有全面品質管理之核心意涵，因此認為不需要加以干預。

- **建立全面品質管理教育訓練會**

　　透過該單位之建置，利用教育訓練課程，使成員更加完整了解全面品質管理方法，使全面品質管理機制擁有持續性的傳承與運用。

- **雙軌轉型之推動理念**

　　淡江大學提出雙軌轉型之理念，雙軌轉型：A 軌既有改善、B 軌創新。使品質管理與創新不相互違背，能使校園發展進一步更加完善。

- **王道管理之精神作為主要架構**

　　王道精神包容著全面品質管理精神，是一個蠻獨特且完整之執行機制，可將王道作為主要架構，全面品質管理納入為其一方法，作為全面品質管理 2.0，成為陽明交通大學之特色。

6) 國立陽明交通大學林奇宏校長

　　林奇宏校長從陽明交大合校將近一年的感受來談論：

- **「組織文化」很重要，陽明交大遇到的挑戰與思考。**

　　組織文化的融合與形成非常重要，但在陽明交大合校的過程中遇到很大的挑戰，其有兩個原因：

a）有別於兩個組織都沒有既有的組織文化而從零去塑造，陽明大學與交通大學過去皆有各自學校的組織文化與成員，皆有文化負擔（暫譯，legacy burden），兩者在各領域都有卓越的表現，兩者文化的融合便是合校的一大困難。

b）兩校合校的其中一個原因是「互補」，但其中產生一個缺點，兩者的思維和文化模式不同。在不同的文化組織中，一家公司的併購通常亦尋求某種程度同質性的公司，也許有公司尋求完全不一樣文化的公司以互補，但是他們是如何操作的，是需要我們去探討與學習的。然而，除此之外，確定的是，形塑組織文化顯然需要人與人之間的互動，例如：教育訓練或逐步在各種機制中呈現，使得相關的宣導與訓練變成必要的。而「王道文化」的部分作為組織文化的重要面向，在陽明的教師不清楚與交大的教師僅部分了解的情況下，顯然未來要有一系列的相關活動，但不能流於過於剛性或強制性的規定，例如：教育訓練與至特定機關學習相關概念。這個部分該如何進行，也需要請教各位。

- **「導入時間點」很重要，全面品質管理的導入需要合適的時間點。**

合校至今，每個對於學校的建言與批評，其意圖都不太一樣，必須梳理其中。一樹百穫計畫書中，談論各章節執行的時候，唯全面品質管理章

節沒有過多的著墨與追蹤，沒有強勢推動的原因，就是組織不太穩定。其中，除了透過慢慢地等待，需用如何的方式又是一個重點，大家可能聽過不少 logo 產出的故事，可知顯然在一個很不穩定的狀態，用很強烈的制度推動改革，會有很大的困難。第一年，在磨合的過程中且力求穩定；第二年，希望穩定中有創新，希望未來能夠逐步，透過適當的方式，落實於陽明交大的第二年。

- **透過機構內化機制，以更完整的落實機制。**

　　過去的一年，兩校在機制上有所融合且小有成果，而下一步則是，透過機構內化機制，以更完整的落實機制。兩校併校前有一些機構，但兩者的操作方式不太一樣，需努力思考與同仁和專家討論，欲改變機制，該如何呈現新的機構並與現有的機構相互援引與支持。

- **醫療領域中，全面品質管理適用於強調流程管理的醫院，非強調創新的醫療中心。**

　　醫院參加評鑑是一件耳熟能詳的事，因為醫院全面品質管理與服務品質是完全相關的，因此適用全面品質管理的方法，或者說全面品質管理用在醫院的流程管理變成一個必要。然而，另一方面，例如：醫療中心，它是一個需要創新的組織，其下有醫學研究部，就相對較少發現全面品質管理相關的制度適用於此，因為有些指標適用於創新研究的部分，則相對困

難，因此較不適用全面品質管理相關的制度。

7）國立陽明交通大學程海東策略長

程海東策略長非常感謝校外專家給予的寶貴建議，根據這些建議與陽明交大目前情況，策略長提出以下五點評論：

- **夥伴心態**

陽明交大推動全面品質管理不是為了獲獎，而是希望透過全面品質管理來檢視學校的體質，並就關係人的看法修正方向正確性，以茁壯學校的生命力。因此，對於評鑑管考機制切勿抱持警察抓小偷之心態，應以夥伴的心態來共同努力。

- **形式與文化並行**

文化的建立需要長時間，在文化逐漸形塑的同時，也應以有形的品質保證來建立框架，兩者需同時並進。

- **全員參與**

雖然願景與使命是由校長與一級長官研議，但每位教職員都是文化形塑的重要一員，因此教職員對於全面品質管理的投入程度也非常重要。

- **正面激勵**

　　在高等教育上，適合以正面獎勵的方式鼓勵人員投入。陽明交大仍需要制度來促使政策順利推動。

- **建立專責組織推動全面品質管理**

　　陽明交大下一步是成立負責推動全面品質管理的專責單位，建置永續治理的機制、辦法及流程。

Wangdao-Based University Management

第八章

全面品質管理實施規劃

一、陽明交大大學之特色、現況評估

I）國立陽明交通大學之基本介紹

・ 合校歷程

　　國立陽明交通大學（簡稱陽明交大）為國立陽明大學（以下簡稱陽明）與國立交通大學（以下簡稱交大）於 2021 年 2 月 1 日正式合併而成。陽明及交大均為頂尖研究型大學，且兩校發展高度互補，陽明為醫學教育改革的先驅者，而交大在電子、資通訊與管理、科學與工程等領域為臺灣領導者，期能透過合校橫跨電資通訊與生醫及醫學，為我國開拓生醫科技產業。在正式合校之前，2001 年 3 月，前國立陽明大學吳妍華校長及前國立交通大學張俊彥校長共同簽署合併意願書，2003 年 10 月 8 日則開始試辦由陽明、清華、交通及中央共組「臺灣聯合大學系統」，讓各校資源得以更有效運用，也建立兩校合作基礎奠定日後合併的契機。2019 年 3 月 27 日兩校正式通過合校意向書，並提報教育部，在 2021 年完成合併。

・ 合校目的

a）引領高教改革

陽明交大積極引領高等教育之改革，藉由合校集中資源，培育創新人才，追求真理實踐，目標為打造成一所無與倫比且師生共治的偉大大學。

b）符合社會需求

多元開發各領域專才，著眼新興領域，包含生醫、人工智慧、機器人、智慧醫療、大數據等，引領我國產業發展，重塑科技的新貌，並回饋社會期待。

c）善盡大學社會責任

陽明交大透過合校，完成跨領域教研的重大任務，特別是在 BioICT 與 Digital Bio-Medicine 領域立下重要指標，期能育成優秀人才，積極有效的加入產業 4.0 之智能生醫科技的革命。

d）重塑新校之學術組織

陽明交大跨領域整合現有學術單位，由於兩校發展重點系所相異，優勢強項及學科領域互補性極高，有益於跨領域整合。重塑過程將採取由下而上機制，和諧運作師生對話空間，建立新校學術組織。

・合校願景

a）成為對等合校，雙存續之典範。

b）十年內成為亞洲「數位生醫」先驅，二十年後成為世界「智慧健康」新創基地。

c）培育全球頂尖大學師資，目標至少一位諾貝爾獎得主。

d）培育數家領導級電子生醫新創產業。

• 校區

合併後的國立陽明交通大學共有9校區，分布於5縣市，總面積137.6公頃，包含19學院，共1,400位教師、17,000名學生。

圖 8-1：陽明交通大學校區

- **組織**

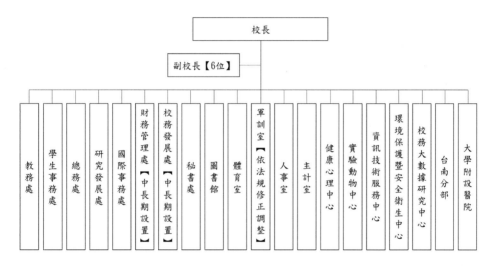

圖 8-2：陽明交通大學組織圖

2）合校後－樹百穫計畫之推動

　　2021 年 2 月 1 日，陽明大學與交通大學在各界的觀望與祝福中正式合校。過去，陽明與交大分別肩負著臺灣偏鄉醫療與發展半導體產業之光榮傳統，其中的師生校友們也以此為榮。嶄新的校名帶著各方的期許，同時也提醒著我們邁入新的開始，其中的新使命、新任務、新責任也等待著

全校師生校友們共同努力與開創。

陽明交通大學的創立是本著交通大學與陽明大學的傳承與開展，在合校之後，訂立了「一樹百穫 十年願景」計畫書，期許能夠齊心放眼未來，並掌握未來關鍵趨勢，使這所新大學編織出宏偉的願景。

一樹百穫計畫書透過共識凝聚，形成具有十年願景的三年校務發展方向，未來將會逐漸擴充並完備執行路徑與實施方案。成為中長程校務發展之白皮書。針對合校之後的學校狀態，陸續展開融合以及創新之規劃，並將校區重新定位，期許此舉有助於學校未來的方展。

一樹百穫計畫書提出「博雅書苑提升通識社群教育」、「組織再造以推動跨領域融合」、「國際學院雙語校園接軌世界」、「創新學制推動產官學研共創」、「深化基礎建設激勵校區融合」、「科學研發以提升次世代科技」、「跨域思維引領產業創新契機」、「數位轉型之創新管理與法治」、「品牌形象之塑造建構與溝通」、「預見發展瓶頸以利超前部署」等十項行動綱領。同時不忘記合校的初衷在於傳承深耕、融合開創，雖新學校諸事待興，然而陽明交通大學將秉持原則、信心、熱忱、動力，邁向「偉大大學」的標竿。

3）一樹百穫下之十大行動綱領

下列十項行動綱領是「一樹百穫」計畫的具體實踐方向，也是陽明交大對所肩負社會責任和自身期許的回應。

• 博雅書苑提升通識社群教育

陽明交大的博雅教育以人本價值為核心，強調從生活中實踐的教育理念，是融合「專業教育」、「通識教育」、「研習教育」和「社群教育」的「四位一體」教育模式；立志在全面的照護下，培養出擁有寬廣的視野、人文藝術品格涵養和專業能力的 π 型人才，能掌握時代脈動，成為後疫情乃至新時代的領航者。博雅教育的三年規畫藍圖包括從建置「陽明交大博雅書苑」、擴展國際化教育、壯大跨領域專業學習，爾後三至六年再不斷調整完善。

• 組織再造以推動跨領域融合

陽明交大將「人本智慧」精神為核心精神，以匯集兩校個別研究強項為目標，積纂研發能量，推動特色跨領域研究中心，發展新興產業技術。陽明交大將運用特有的電資領域研究資源，結合既有強項領域之技術，以數位醫學、生醫工程、人文社會、建築、工程生科、數位創新法律、高齡社區、AI（Artificial Intelligence）應用等八大領域為主軸，成立校級跨

領域研究中心，推動 BioICT® 和 Digital Bio-Medicine 跨領域教研整合，為加速臺灣生醫及醫療照護產業邁向國際盡一份力，同時創造陽明交大 NYCU 的世界級品牌形象。

• **國際學院雙語校園接軌世界**

在今日深度全球化環境下，未來十年間加深與國際一流大學及先進研究機構合作、建構校園友善雙語環境與基礎建設、開設涵蓋多元領域的高品質全英語授課課程與學程、提供具國際公信力與專業度的高教教學培訓暨認證以有效提升教師職能，創造卓越高等教育環境、培育具國際觀兼具精準與多元思維的跨領域專業人才，以與世界接軌。

• **創新學制推動產官學研共創**

全球經濟與產業巨變下，陽明交大擬具「國家重點領域產學合作及人才培育創新條例」，作為領頭羊改革目前體制，將學術界與產業界連結，共同成立「產學創新研究學院」，藉由產業搭建互惠橋梁，發揮教育、訓練、研發、服務等綜效，強化學界與實務交流與知識擴散，建立長期高品質產學合作關係。其中，產學創新研究學院以實踐跨域落地研究、培育產業思維人才、提升產學共創價值為理念，設計跨學科模組課程，整合各個專產學共創概念之下，而專案的十年願景為：

a）陽明交大成為半導體產業研究之領航者。

b）推動科學園區轉型，打造腦力密集之研究園區。

c）引領頂尖新創研究，催生新興產業。

- **深化基礎建設激勵校區融合**

　　陽明交大目前有九大校區分佈於 5 縣市。其中以臺北陽明校區與新竹交通校區為主，以服務行政人員更全面完整的科技行政系統，輔助師生進行頂尖的研究、教學、產業鏈結、與校園生活服務。此外以科技資訊為骨構，透過彈性、開放、漸進與包容的模式凝聚共識，以消弭校區實體距離的限制，讓校區師生在從事教學研究的同時，能有跨領域、跨文化的全面性關照，以「翻轉突破樹立價值」的校園為目標，成為未來大學校園文明的旭日。

　　其中跨校區融合的十年願景，目標定為「手握任意門，穿梭人文聚落與智能校區，產官學研任我行」。具體目標包括：

a）優游無邊教室、多元腦力激盪的學習空域。

b）駕馭無垠艦隊、創造未來生活的領航團隊。

c）穿越無域校園、十項全能的安全母港。

d）隨心實地實體、五感靈動的校區生活。

三年行動計畫將以「後現代部落—新 NYCU 部落」為主軸，將科技、人文、健康與醫療方面納入考量，培養未來領航人才。規劃跨校區智慧運輸交通網路、宿舍網際視訊網路、開放多元教學與學習網路、體適能自信健康活力網路、零距離雲端健康心理諮商網路、數位圖書館藏與智慧研究典藏網路，完善將有助培養出新世代頂尖人才。

• 科學研發以提升次世代科技

科學是有組織和架構性的研究；而科技則是應用知識、工具、與技術來解決人類現今問題，並使現代生活更便利的活動。科學與科技的發展需相輔相成地促成了人類文明持續的突破。

在未來三年工作規劃將聚焦以下技術來探討：

a）以跨領域技術分析基因體資料，創造臨床智慧演算及載具的全新應用。

b）三位一體腦整合研究，實現腦機介面於醫療與生活之應用。

c）智慧醫療三度儀，更貼近人性的醫療診斷評估裝置。

d）建立動態系統生物平台，加速精準醫藥產業發展。

e）**AI 為神經，X 為元，加速人工智慧普適研究。**

f）**研發化合物半導體 、高溫半導體與量子電腦，佈局國家級戰略核心技術。**

g）**發展 6G 資通訊技術，實現具備全域智慧與感知能力之三維通訊網路。**

• 跨域思維引領產業創新契機

在全球極端氣候對產業生態帶來的挑戰、中美貿易戰和後疫情時代的供應鏈體系調整下，關於深化關鍵技術和培育研發能量，同時間跨領域的智慧科技佈局已是今日各國施政重點。而我國科技施政在 2030 年的願景為「創新、永續、包容」。考量國際科技主流發展趨勢、國內所規劃的戰略性科技研發主軸、以及陽明交大多年來所累積的學術研發能量，歸納出以下五項重點領域，並分別擬定三年的執行策略與十年期程的願景：

a）**農業 Digital Twin，打造全方位智慧農業產業鏈。**

b）**軍事科技轉民生應用。**

c）**整合國內綠能系統技術，創造綠能產業新契機。**

d）**打造高齡身心樂活輔具新典範。**

e）**顎骨精準個製化生物重建技術。**

- **數位轉型之創新管理與法治**

　　數位轉型為今日趨勢，人工智慧、大數據等智能科技的應用也引發對侵犯隱私、挑戰法律規範的疑慮，進而帶動法治革新。

　　在數位轉型的發展方向，未來管理領域將朝向跨域合作創新、產業升級與永續經營的方向繼續深耕；國際企業的數位轉型，指數型成長的數位組織，將大幅改變產業及企業運行的生態。而在法律的面向，因應個人資料大量蒐集運用的隱私侵害、智慧醫療的法律責任歸屬、人工智慧生產線所引發的勞工失業隱憂、甚至是數位社會的公平與正義等新興議題，亟需進行法治改革，以平衡產業發展與人權保障的策略，帶動數位轉型並促成下一波創新之數位治理。

　　數位轉型引起之管理革新方面的十年願景包括：

a）數位轉型師資與未來領導人才培育平台。

b）企業數位轉型管理學研究之頂尖機構。

c）企業數位轉型交流平台與產業影響力。

d）數位轉型研究國際合作與國際影響力。

　　在數位治理與法治創新方面，將由陽明交通大學科技法律學院推動，

未來三年的工作計畫將聚焦於數位人權與勞動、智慧知識生產、智慧健康照護、智慧司法、智慧金融、數位跨國治理，其十年願景為：

a）培育新世代跨領域之創新科法人才。

b）成為數位治理之法律政策的關鍵智庫。

c）成為亞洲在數位治理與法治創新之頂尖法學院。

・ **品牌形象之塑造建構與溝通**

在產業界，品牌核心與願景建構長期都是公司優先重視項目；然而在高教界，品牌建構和利益關係人溝通往往受到忽略。如今，面對臺灣社會少子化外籍生招收、提升國際學術聲譽等課題下，學術品牌，包括品牌核心、願景與情感文化成為臺灣高等教育開始重視的議題，以及加強和利害關係人的溝通，以提升品牌認知和品牌價值傳遞。

品牌的建構是漸進式的過程，國立陽明交通大學期許融合原兩校專業特色、文化與校風，紮實的建構與溝通品牌核心、承諾與願景。在結合學術專業核心與情感文化下，歸納出四大信念，包含「開創產業」、「領域深耕」、「人文永續」以及「校園傳承」。爾後以「品牌親密度」模型與「行銷 4.0」作為基礎擬定十年願景形象之長期計畫。

- **預見發展瓶頸以利超前部署**

　　在後疫情時代，各國政府修正發展政策、重新部署資源。為消除高等教育和科學研究被排擠的隱憂，陽明交大嘗試整合產官學研資源，將學校未來的發展與國家的「高齡政策與長照產業」、「國防科技與軍轉民產業」及「以創新為驅力的產業 4.0 政策」連結，建立多元夥伴關係，以永續願景為己任，並以下列六項專案為主要發展方向：

　　a）高齡社區創生。

　　b）攜手國防大學，培養高素質國防科技軍官幹部。

　　c）陽明交大的太空夢，要讓臺灣火箭上太空。

　　d）臺南校區產學共榮。

　　e）桃園青埔校區 / 臺北北門校區 產學創新。

　　f）深耕中學教育的智慧學習設計師。

二、執行之實施原則

　　根據座談會之專家共識，整理學校導入全面品質管理的重點原則共

19 項，各單位可以依據原則來進一步制定該單位之執行方法。

1）訂定清楚願景、目標、策略與定位

　　即便有良好的制度與操作方法，仍須謹記當初設定全面品質管理的初衷與願景。重要的是全面品質管理本身之精神，過於強調流程反而會使整體過於機械化，校方要做到的是要提高各單位人員執行全面品質管理的決心。

　　願景等策略型目標可由秘書處做前期主軸規劃，經各處室一級主管確認以及執行專案，同仁進一步確認二級以上主管參加共識營，最後向董事會報告。例如：北醫願景從研究型大學轉型為「具有社會影響力的創新型大學」，在每十年重新訂定學校定位與核心價值。清晰願景和目標有利建立共同價值觀進而凝聚組織文化。

　　陽明交大應先清楚訂定合校之後的願景與使命，如元智大學當初導入全面品質管理時便有「卓越、務實、宏觀、圓融」的教育理念。

　　全面品質管理為一個管理的方法，涵蓋所有的部門與成員參與。校長是領導者，需要積極參與，並從校長由上往下帶領學校職員實踐。校長扮演策略管理角色，應與一級主管共同規劃出學校發展的策略方向，如元智

大學當初的策略規劃是由校長召集副校長、級長、主秘及校務長等一級主管，密集調整策略規劃。在將策略發展方向清楚之後，便可以進一步落實到教學、研究、服務、行政。

2）組織文化建構的重要性

在各校訪談以及專家交流座談會所凝聚的共識中，強調文化才是關鍵元素，行政與操作過程並非最為關鍵之部分。品質管理的文化意識一旦建構，即便不導入任何機制，品質自然提升。同時我們也需要留意，組織文化如果提倡品管效率，便有可能會犧牲創新能量。3M 導入品質管理機制失敗的案例便是一個好的借鏡。

3）凝聚各級主管共識的重要性

透過校長領導全校師生，藉此凝聚共識，提升教職員對品質提升文化的認同，由上往下地領導教職員邁向新願景與未來。例如：開設各級主管的共識營、高階主管訓練活動，落實於校級、一級、二級主管，培育主管品質管理思維，深化高階主管領導力，組織領導人們的參與，將會是計畫導入成功與否的決定步驟。

領導者為了鼓勵全員參與，使他們感受到實質報酬，可以給予教職員

適當獎勵。另外，以潛移默化的方式來提升全校職員對全面品質管理的認同。例如元智大學實施績效管理之初，老師們皆為自身職業安全性感到緊張，在領導團隊持續溝通下，老師們才逐漸發現此系統能幫助其審視每年在教學、研究、服務的績效，並有方向地改進。全面品質管理是漸進式的過程，需要培養教職員的習慣性。

4）使全體參與成員明白自身之任務與定位

學校領導層可設計一個大方向的架構，使所有單位人員能夠在該架構中找到明確的定位，明白自己的目標與使命。全面品質管理架構的三大主軸為架構、技術、文化。其中架構包含策略、結果評估、控制所有策略發展、策略管理及績效的資訊系統；技術包含大數據資料庫、機器學習等；文化是潛移默化的漸進式變革。透過訂定架構，幫助教職員了解學校整體結構，使所有教職員得以了解自己在整體結構之定位，並得以思考自己所扮演的角色如何提升學校的運作效率。

全面品質管理是一個漸進式的變革管理方式，因此建議先規畫好整體架構，讓教職員能清楚學校的願景與目標，並逐漸看見學校的未來，便願意參與變革，同時參與者能漸漸在整體架構中找到自己所扮演的角色與定位。在架構設立上，可參考美國國家品質獎（MBNQA）的模式，其架構

包含七個構面，從領導者開始，接著是策略規劃、外在環境市場、顧客、人力資源管理、系統設計，最後是實施結果。

5）導入的時間是重要關鍵

學校應先力求穩定，再談品質提升。學校導入時間是重要關鍵，陽明交大應先求結構穩定，等合校一段時間之後，再來談品質管理機制之導入。

6）導入的過程應為漸進式模式

全面品質管理機制導入過程應為漸進式，且應要有「具層次感的節奏」，不可操之過急，欲速則不達，應先有校徽、再有願景、再有目標、再有策略、再有行動。校徽到策略應先具備，再談品質管理行動會更加穩健。先針對一級單位進行全面品質管理，待一級單位進行順利之後，再思考二級單位如何運作。並非同一時間導入兩個層級。陽明交通大學可從小規模著手，如以個別院所或小單位開始進行。如元智大學當初同樣是從小組開始執行策略規劃，其他人便跟著做，因此促成全員參與。

7）不干預既有運作

如果原來進行的工作已經有不錯品質，那就不加以干擾，如果教授原

本所進行的教學、研究、服務已經不錯，因此就照原來方式進行，無需特別干涉。

導入全面品質管理是一個漸進式過程，以最小的干預，讓教職員在不知不覺當中可以對提升品質做貢獻。不須著急於做巨大改變，而是從小處著手，逐步改善使整體計畫漸趨完整。

而淡江大學在教學、研究、服務的品質管理過程，並沒有因為導入全面品質管理而對這方面有太多新的管理機制，他們秉持著利用「最小的干預」，達到「最大的成效」作為全面品質管理的執行原則。例如：評鑑已經存在，可將既有的制度融入新的全面品質管理制度等等。因此，很多老師並沒有感受到全面品質管理的導入。所以，最少的干預（先由一級單位與主管開始運作）讓大部份老師們在不知不覺當中對品質管理做貢獻，即為做最小的干預，產生漸進式適當的影響，達到最大的成效，才是最佳的導入策略。

8）現有組織進行梳理

針對組織個定位的盤點後，最重要的調整是秘書處，當時多加一位執行秘書（事務官公務員），主要負責財務規劃（包含募款）及成立基金會，且要設計完善的投資規劃。

9）減少行政單位與教授們溝通的鴻溝

若是行政單位與教學人員直接溝通，有可能會產生誤會與延宕。建議在執行面上，可由執行秘書或副主秘召集各院祕書進行開會，透過他們將行政方針傳達給各院院長，藉此增進溝通之效率。

10）組織文化優先於操作面

對於學校組職來說，校方的大方向，如同：使命、願景和 LOGO 等等，應需先進行統合，爾後開始推動全面品質管理的實行步驟。

11）品質管理偏重於「原則」

品質管理應偏重於「原則」，希望各單位的運作方式可以符合品質管理之「原則」，進而成為「自主」之全面品質管理，將其落實與生根於各階層的單位。

12）稽核組的獨立性

稽核組目前隸屬於校長室，以全面普查為原則，應保持其校務執行的獨立性。

I3）設立內部控制委員會

　　針對人事、財務、營運等事項建立健全內部控制制度，並進行自我監督管理，並另設立內部控制委員會。

I4）新增循環控制項目

　　除了以「單位」來做稽核外，還有以「事情」來做稽核，將原本的內部控制業務歸類至循環控制項目。擁有循環意涵與提高跨單位的溝通效率，強調橫向跨單位工作執行。

I5）從風險評估循序漸進的導入

　　後端行政從已有的事實去內控稽核，落實風險評估作業，依照業務風險的發生可能性，影響程度來評估風險（各單位皆須執行）。針對評估結果規劃稽核計畫（稽核處負責），藉此加強控管或降低風險。公立學校可進行風險評估，同仁抗拒心態較低。

I6）成立品質管理相關委員會

　　「品質管理委員會的成立」是推動品質管理的關鍵。品質管理委員將會直接隸屬於學校，學校一級單位主管都是品質管理委員會的當然成員，

而該組織在學校所有品質管理活動中，扮演重要角色，統籌規劃所有全面品質管理相關的事務（例如品質管理競賽、共識營、稽核……）。此外，校外意見、長官的指示與共識營提供的建議，都可匯入該委員會。

17）由相關單位規劃全面品質管理之操作細節

　　相關單位構思如何將全面品質管理落實到教學、研究、服務、行政，將操作細節委由各單位進行計畫執行與 KPI 設立，例如教學就有教務處負責、研究就由研發處負責，等等。在教學方面，要投注心力並掌握學生的學習狀況，以培養為社會所需、企業所用的人才為目標；研究方面，學生完成論文之後，老師要親自繼續加強、改進再投稿，在論文發表上居於領先地位。行政方面，行政人員遇到問題時，以多元面向（如學生面、學校面、資源面等）去評估，並產出報告書，以避免同樣問題一再發生。相關單位須各司其職，制定並執行具體計畫。

18）建立良好之獎勵制度

　　領導者在規畫資源分配時，可以分配一定程度的資源於教職員的獎勵上，同時在規畫績效管理時，獎勵制度也應一併考量。在建立良好激勵方法，使教職員感受到實質報酬時，將會提升他們參與的意願。

I9）以謙虛的態度來面對品質管理各個面向

　　全面品質管理有四個原則：顧客導向、事實管理、全員參與、持續改善。這四個原則可以以一句話總結，就是 "be humble"。顧客導向是 be humble to others（學生、企業、校長、職員等）；事實管理是 be humble to evidence；全員參與是 be humble to co-worker colleague（團隊）；持續改善是 be humble to your outcome，謙虛接受成果並持續改進。

三、執行之預定步驟

I）第一階段：王道文化與品質管理觀念宣導

　　「王道」為宏碁 Acer 創辦人施振榮董事長所提出的經營管理哲學，也可說是一種精神、一種文化，同時也是大大小小組織的「領導」之道，並在願景上，以「永續」為經營之始。「王道」可落實於不同之情境，例如是事業經營管理、國家治理、社會發展等。將王道落實至經營管理可分為四個層次，即「王道哲學」、「王道人文思想」、「王道經營管理策略」、「王道經營管理行動」，如圖 8-3 所示之王道經營管理之 四種概念化層次。

（1）王道哲學：平衡、互惠、開放、循環。

（2）王道人文思想：仁政、反霸、民本、生生不息、同理心。

（3）王道經營管理策略：創造價值、利益平衡、永續經營。

（4）王道經營管理行動：各種落實於不同情境或場域之經營管理行為。

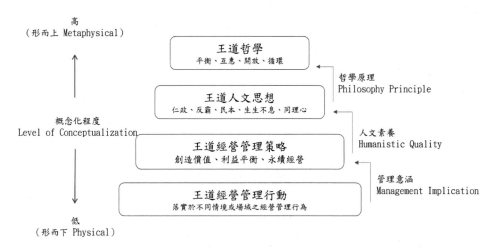

圖 8-3：王道經營管理之四種概念化層次

其中「創造價值、利益平衡、永續經營」是王道的三大核心理念。透過不斷創新創造價值，持續建構一個能共創價值且利益平衡的機制，便能

達到永續經營的目標。從王道談起利益平衡，平衡是一種動態的平衡，平衡的機制需要隨著環境與時間不斷加以調整，這裡所談的利益相關者包含了客戶、員工、股東、供應商、經銷商、銀行等等，甚至還包含社會、環境等各種有無生命的利益相關者，都要關切，談王道就是要照顧所有的利益關係人（stakeholders），與全面品質管理之全體成員參與制度有異曲同工之妙。

陽明交通大學之全面品質管理計畫中，在未來第二階段將由校級權責單位負責推動與進行，例如：校務與大數據中心，透過行政與研究的相互合作，以發揮實務研究成果協助本校校務正向發展之能量，達成校務「永續」高品質發展之目標。因此為使陽明交通大學可以「永續治理」，加入包含了「領導」（Leadership）、「永續」（Sustainability）這兩個重要的精神意涵的「王道」，可將「人本思想」與「校務發展」緊扣在一起，使本校擁有進行校務推展之重要基礎。

王道與全面品質管理是關鍵性文化與管理思維，在導入初期，應力求組織全員對該文化有清楚明確的認識。本校預定在導入之初即著手推廣，並且持續進行不停止，透過舉辦相關主題之教育訓練、演講與工作坊等，增進全體教職員工及學生對該文化的認同與凝聚共識。其中，由於領導統

御為全面品質管理之核心原則之一，因此在此階段，學校高層對於該文化的了解與認同尤為重要，注重以身作則，以提升其他教職員工之重視及參與程度。因此建議於此階段優先舉辦高階主管之高階主管共識營或高階主管訓練課程，讓高階主管了解王道文化與品質管理精神。再由高階主管向各單位內之其他主管宣導，並舉辦主管共識營或主管訓練課程。再由各主管向其所屬單位內之職員進行宣導。以確保校內所有教職員可了解王道文化與品質管理概念。另外，由於文化凝聚與管理觀念建構為永續校務治理之基本活動，因此建議將之設定為定期舉辦之常態性活動。另一方面，王道文化與品質管理結合可稱為「王道永續治理」

一般的品質管理，在過去的經驗中，往往缺乏人本精神，所涵蓋的範疇較為狹窄，僅止於談論如何透過 PDCA（Plan-Do-Check-Act 循環式品質管理）來永續提升品質或 KPI。目前陽明交通大學正規劃導入「王道永續治理」機制，其中的精神與一般品質管理機制有所不同，更加注重組織全體成員的參與與永續經營，換言話說，人與永續作為其機制之核心因素，是更為全面且包容人本思維的品質管理機制。

2) 第二階段：國立陽明交通大學全面品質管理架構制定

由校長與一級主管共同擬定並梳理各處室於全面品質管理架構之定

位，此架構之擬定有賴於學校所訂定之清楚願景、使命、目標、策略、與行動綱領等，為方便說明，暫擬國立陽明交通大學全面品質管理架構圖（圖8-4）供參考。圖8-4由上至下共五個層次。依序為1）願景、2）使命、3）目標、4）策略、與5）行動綱領。換言之，先訂定願景，再由願景推導出使命，再由使命演繹出目標，再參考所設定之目標制定出發展策略，接著依據發展策略設計出行動綱領。逐層次往下演繹，建構出本校之全面品質管理架構圖。由於此架構圖直接與本校校務治理有關，因此建議由校長與一級主管同擬定，建議此階段在一年內完成。

3）第三階段：品質管理相關權責單位之成立

　　成立校級全面品質管理權責單位，例如於校長室或大數據研究中心之下成立全面品質管理權責單位，作為單一聯繫窗口，負責與各處室單位、教職員工或學生聯繫處理關於全面品質管理之事務。該權責單位負責本校所有單位教學、研究、行政與服務等現況資料之蒐集、整理、評估績效、資料提供及各項全面品質管理發展計畫之執行、追蹤與考核。權責單位與各計畫或各單位之負責人員保持良好溝通管道，並協助各單位或各計畫之負責人員進行全面品質管理相關之事務與資源配置，確保具備足夠人力與時間資源投注於全面品質管理事務中。該單位可設置執行秘書作為總指揮，直接對校長匯報並接受指令，負責管理與營運全面品質管理權責單

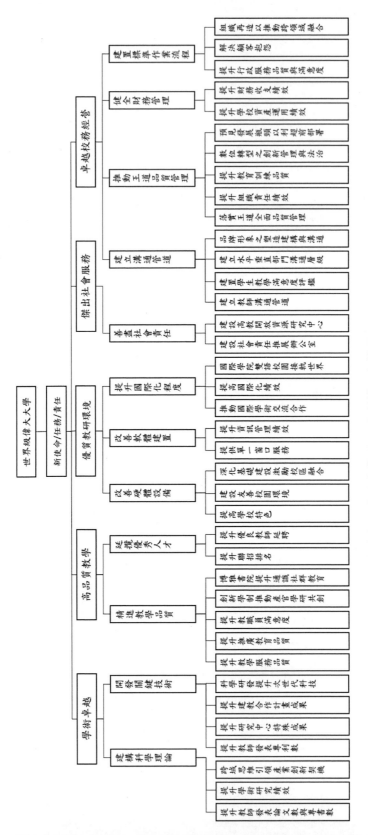

圖 8-4：國立陽明交通大學 全面品質管理架構圖

位。建議此階段於兩年內完成。

4）全階段：導入全面品質管理之省思與績效評估

　　基於過去 3M 與約旦大學導入全面品質管理機制最終宣告以失敗收場，付出昂貴之代價。實因「效率」與「創新」之間取捨為難個課題。本校很明顯是以獲得諾貝爾獎為目標之創新型大學，是否應該堅持導入品質管理來提升效率？為何獲得美國國家品質獎的學校都是社區大學或中小學，而沒有研究型大學？為何清華大學獲得臺灣國家品質獎後，沒有持續透過全面品質管理提升品質？有鑑於此，本校是否導入品質管理機制，應於導入之前作深入省思，否則可能付出龐大成本卻徒勞無功。導入後，建議前三年應每年觀察全面品質管理所產生之績效。

參考資料

王克捷。（1987）。品質的歷史觀：五位大師的理論，**生產力雜誌**。91－
    98。

王嘉祐，邱麗蓉，&杜崇勇。（2018）。全面品質管理在學校行政管理上
    的應用。**商業職業教育**，*142*，48－53。

石川馨。（1960）。納入者と受入側の　係について。**品質管理**，*11*
    （5），12－18。

吳定，張潤書，陳德禹，&賴維堯。（1995）。**行政學（一）修訂版**。

吳清山，&林天祐。（1994）。全面品質管理及其在教育上的應用。**初等
    教育學刊**。

辛俊德。（2006）。全面品質管理在學校管理之實踐。**中正教育研究**，*5*
    （1），91－123。

林公孚。（2007）。全面品質管理策略之實施。**品質月刊**，*43*（4），

19－24。

林公孚。（2010）。*認識TQM──從N. Kano的TQM之屋說起*。*8*（46），43－50。https://doi.org/10.29999/QM.201008.0007

林文燦，&李俊奕。（2016）。人才發展品質管理系統、全面品質管理與國家品質獎之介紹。**品質月刊**，*52*（2），10－13。

林宜玄。（2000）。我國科技大學實施全面品質管理策略之研究。**臺灣師範大學工業教育學系學位論文**，1－401。

林俊成。（2007）。臺灣地區近二十年來全面品質管理在學校教育應用研究論文評析。**學校行政**，*50*，219－239。

林庭安。（2018）。「日本製造」曾經是劣質品的代表！用PDCA提升品質，日本企業怎麼做？。**經理人月刊**。https://www.managertoday.com.tw/articles/view/55692

林素鈺。（2004）。全面品質管理意函及其理論基礎之探討。**品質月刊**，*40*（6），20－26。

林登雄，&汪俊在。（2006）。根留臺灣、行銷全世界。**品質月刊**，*42*

（11），25－29。

品牌志編輯部選文。（2018）。【*經營管理*】「*日本製造*」*曾經是劣質品
的代表！用PDCA提升品質，日本企業怎麼做？／品牌志*。https://
www.expbravo.com/5816/日本製造曾經是劣質品的代表-用pdca提升
品質.html

品質月刊。（2009）。以改變文化獲得員工信賴——中鴻鋼鐵的全面品
質經營。**品質月刊**，*45*（1），24－31。https://doi.org/10.29999/
QM.200901.0003

施振榮。（2015）。*新時代‧心王道：創造價值‧利益平衡‧永續經營*。
天下文化。https://www.books.com.tw/products/0010687559

洪秀燊。（2007）。火線領導與學校經營管理。**學校行政**，*51*，137－
152。

紀勝財，林丁助，&陳文魁。（2005）。以全面品質管理建立歐洲品質獎
之推動模式與策略。**品質月刊**，*41*（1），38－42。

美國社區大學。（2022）。美國社區大學。津橋留學顧問。https://www.
oxbridge.com.tw/study-abroad/US/us-study-community-college

胡倩瑜，&張國保。（2013）。專科學校推動「學生學習成效」品質保證機制為導向之校務發展策略。**教育理論與實踐學刊**，*28*，1－31。https://doi.org/10.7038/JETP.201312_（28）.0001

徐自強。（2003）。TQM系統中，內部品質稽核／員的定位與期許。**品質月刊**，*39*（8），46－48。

徐自強。（2011）。迴響於TQM專家成功的祕訣一文。**品質月刊**，*47*（6），43－45。

國立清華大學。（2013）。*學術研究及行政體系不斷創新 本校獲頒第23屆「國家品質獎」機關團體獎*。國立清華大學。https://www.nthu.edu.tw/hotNews/content/150

國立陽明交通大學。（2021）。*同行致遠——永續治理與全面品質管理——一樹百穫計畫*。https://strategicplan.nycu.edu.tw/永續治理與全面品質管理/

國家教育研究院。（2022）。School District (USA)─學區（美國）。https://terms.naer.edu.tw/detail/1314262/

張茂源，&蕭景文。（2004）。教育現代化與新世紀學校教育的新任務。

學校行政，*29*，113－122。

張峻源。（2020）。以TQM觀點看新冠肺炎疫情初期臺灣之防疫定位。
品質月刊，*56*（6），18－22。

張媛甯。（2006）。高等教育機構組織文化改造之探討——應用TQM策
略以建構教學品保系統為例。**學校行政**，*43*，64－81。

張惠萍，劉芯錡，＆林益偉。（2010）。從全面品質管理探討國中適應體
育之發展策略。**大專體育**，*107*，37－43。

淡江大學。（2009）。*在本校全體教職員工生、校友秉持「持續改善、追
求卓越」的精神之下，本校榮獲象徵全面品質管理最高榮譽的第19
屆國家品質獎*。淡江大學。http://gdc.tku.edu.tw/TodayNews/Detail.
aspx?id=9FD2D0C650CD7534

莊淇銘，張家宜，＆張麗卿。（2000）。*全面品質管理（TQM）在大學
教育之應用*。**教育資料與研究**。

許麗萍，＆張家宜。（2014）。美國與臺灣國品獎獲獎大學之經營成果比
較。人文社會類，*34*（4），69。

郭虹珠。（2006）。學校組織再造之人力資源管理初探。**學校行政**，*45*，73－90。

郭國銘。（2002）。運用TQM理念提昇國小行政效能。**品質月刊**，*21*，41－53。

陳玄岳，陳玄愷，＆何晉滄。（2005）。TQM品質規劃核心職能展現之探討——以服務業品質專業人員 例。**品質月刊**，*41*（2），78－81。

陳玄岳，許文靜，＆吳秋文。（2005）。應用TQM與KM強化實驗分析服務核心職能（一）——以生技產業實驗分析室個案 例。**品質月刊**，*41*（4），61－64。

陳玉君，＆呂美霓。（2002）。學校教育品質評量模式之建構。**學校行政**，*19*，149－157。

陳秋賢。（2006）。先進的測試系統隨時提供產業高品質的試驗機。**品質月刊**，*42*（11），37－39。https://doi.org/10.29999/QM.200611.0011

陳郁汝。（2007）。後現代社會的校長反思領導力——三位校長學校創新經營的故事傳奇。**學校行政**，*47*，67－91。

陳啟榮。（2015）。全面品質管理在學校經營之應用。**臺灣教育**，*696*，30－36。

陳慶安，＆施信華。（2001）。談職業學校管理活動。**學校行政**，*14*，65－73。

陳燕坦。（2009）。以「實體管理」與「虛擬管理」解TQM的迷失。**品質月刊**，*45*（1），13－23。

陳鴻基，＆張嘉銘。（2001）。以全面品管為基礎之校務行政資訊系統之開發與評估──國小校務行政為例。**資訊管理學報**，*8*（1），39－60。https://doi.org/10.6382/JIM.200107.0039

曾榮華。（1999）。全面品質管理與學校建築品質。**國民教育研究集刊**，*7*，81－89。https://doi.org/10.7038/BREE.199912_（7）.0004

黃永東。（2008）。高等教育導入TQM的作法。**品質月刊**，*44*（6），12－17。

黃昆輝＆張德銳。（2000）。*Total Quality Management, TQM ──全面品質管理*。https://terms.naer.edu.tw/detail/1304410/

黃哲彬。（2009）。學校實施全面品質管理之困境與策進。**國教之友**，*60*（3），3－9。

黃振育。（2005）。TQM之探討。**品質月刊**，*41*（2），48－50。

黃誌坤。（1997）。TQM在學校組織的運用。**師友月刊**，*357*，37－39。

楊念湘，&陳木金。（2011）。優質學校品質管理指標建構之研究。*Bulletin of Education Research*，*3*（2），57－80。

經濟部。（2010）。第二十屆國家品質獎頒獎典禮手冊。http://libir.tmu.edu.tw/bitstream/987654321/26738/1/臺北醫學大學榮獲第20屆國家品質獎.pdf

經濟部工業局。（2022a）。*1分鐘快速認識美國國家品質獎系列——架構・企業經營品質躍升計畫*。https://nqa.cpc.tw/NQA/Web/Coach_Content.aspx?ID=a3914e8b-2aec-4ca7-8970-8f7a12d14498&P=cfeb26f1-d463-4204-8961-44988141aee7

經濟部工業局。（2022b）。*1分鐘快速認識美國國家品質獎系列——緣起・企業經營品質躍升計畫*。https://nqa.cpc.tw/nqa/web/Awards_Content.aspx?ID=a4f3e781-607d-4fcb-b5f5-

9e197c4dee1c&P=101b8353-3e35-4e0b-baef-e8c5c9ebcb53

詹震寰。（2007）。政府學校機關實施品質管理可能產生弊端與診斷建
　　議——以某校教學量業務為例。**品質月刊**，*43*（4），65－69。
　　https://doi.org/10.29999/QM.200704.0017

臺北醫學大學教育品質中心。（2011）。**教育品質——邁向頂尖之路**。臺
　　北：五南出版社。

劉典嚴。（2001）。仰賴TQM解開顧客價值的三角習題。**品質月刊**，*37*
　　（2），57－60。

劉典嚴。（2005）。流通零售TQM：庫存後勤與科技支援。**品質月刊**，
　　41（4），20－22。

劉菜。（2003）。全面品質管理在護理教育之應用。**長庚護理**，*14*
　　（4），396－402。

蔡佩瓊。（2003）。元智大學獲國家品質獎。**遠東人月刊**。https://
　　magazine.feg.com.tw/magazine/tw/magazine_detail.aspx?id=1552

蔡耀宗。（2006）。TQM品質技術與周邊管理技術的活用。**品質月刊**，

42（6），12－14。

蔡耀宗。（2007）。TQM會成為企業活動的源泉。**品質月刊**，*43*（4），25－27。https://doi.org/10.29999/QM.200704.0005

蔡耀宗。（2011）。用TQM專家成功的秘訣──日本狩野紀昭博士（Prof. Noriak Kano）演講聽後感。**品質月刊**，*47*（5），41－44。

駱俊宏，&陳欣良。（2006）。全面品質管理概念於技專院校之應用與相關議題探析。**品質月刊**，*42*（1），56－61。https://doi.org/10.29999/QM.200601.0015

簡禎富，侯建良，吳建瑋，林國義，胡益芬，&朱珮君。（2017）。推動高等教育校務經營全面品質管理之研究──以國立清華大學為實證。**管理與系統**，*24*（4），591－614。

蘇文憲。（2007）。邁向下個里程碑：建立國家品質獎機制之競爭力與持續改善。品質獎項系統研討會議。

AI教育觀察。（2020）。什麼是K12教育？一張圖了解美國K12教育。https://read01.com/7RM4O5n.html

Altahayneh, Z. L. (2014). *Implementation of Total Quality Management in Colleges of Physical Education in Jordan. 5*(3), 9.

Angel, C. D., & Froelich, J. (2008). *Six Sigma: What Went Wrong?* https://www.destinationcrm.com/Articles/Columns-Departments/The-Tipping-Point/Six-Sigma-What-Went-Wrong-51394.aspx

Asif, M., Awan, M. U., Khan, M. K., & Ahmad, N. (2013). A model for total quality management in higher education. *Quality & Quantity, 47*(4), 1883–1904. https://doi.org/10.1007/s11135-011-9632-9

Bisgaard, S., & De Mast, J. (2006). After Six Sigma-what's next? *Quality Progress, 39*(1), 30.

Boyce, C., & Neale, P. (2006). *Conducting in-depth interviews: A guide for designing and conducting in-depth interviews for evaluation input.*

De Jager, H. J., & Nieuwenhuis, F. J. (2005). Linkages between total quality management and the outcomes based approach in an education environment. *Quality in higher education, 11*(3), 251–260.

Deming, W. E. (1950). Lecture to Japanese management. *Translation by*

Teruhide.

Edward, S. (1993). Total quality management in education. *London: KocJi Page.*

Fields, J. C. (1993). *Total quality for schools a suggestion for American education.*

Foster Jr, S. T. (2007). Does six sigma improve performance? *Quality Management Journal, 14*(4), 7–20.

Goodman, J., & Theukerkauf, J. (2005). What's wrong with Six Sigma. *Quality control and applied statistics, 50*(4), 403.

Gupta, P. K., Uberoi, R. S., & Sibal, A. (2008). Methods and Tools of Quality Improvement. *Apollo Medicine, 5*(3), 242–249.

Herman, J. L., & Herman, J. J. (1995). Total quality management (TQM) for education. *Educational technology, 35*(3), 14–18.

Hindo, B. (2007a). 3M's innovation crisis: How Six Sigma almost smothered its idea culture. *Business Week, 12*(1), 8–14.

Hindo, B. (2007b). At 3M, a struggle between efficiency and creativity. *Business*

Week, 11(11), 8–14.

Hindo, B., & Grow, B. (2007). Six Sigma: So yesterday? In an innovation economy, it's no longer a cure-all. *Business Week, 11.*

Ho, S. K. M. (1999). TQM AND ORGANIZATIONAL CHANGE. *The International Journal of Organizational Analysis, 7*(2), 169–181. https://doi.org/10.1108/eb028899

Huang, R. (2013). *Six Sigma「killed」innovation in 3M*. ZDNet. https://www.zdnet.com/article/six-sigma-killed-innovation-in-3m/

Juran, J. M. (1989). *Juran on Leadership for Quality: An Executive Handbook.* Free Press.

Koch, J. V., & Fisher, J. L. (1998). Higher education and total quality management. *Total Quality Management, 9*(8), 659–668.

Lin, G., & Shen, Q. (2007). Measuring the performance of value management studies in construction: Critical review. *Journal of Management in Engineering, 23*(1), 2–9.

NIST. (2019). Baldrige Award Recipients Listing [Text]. NIST. https://www.nist. gov/baldrige/award-recipients

Richardson, M. J. (1997). *Total quality management and the belief systems of higher education administrators*. University of Colorado at Boulder.

Saad, G. H., & Siha, S. (2000). Managing quality: Critical links and a contingency model. *International Journal of Operations & Production Management*.

Shewhart, W. A., & Deming, W. E. (1986). *Statistical method from the viewpoint of quality control*. Courier Corporation.

Teigland, M. D. (1993). *A study of the beliefs for total quality management comparing superintendents, board members, and classroom teachers in Iowa schools*. Iowa State University.

UKEssays. (2018). *Implementing Total Quality Management In Higher Education Management Essay*. https://www.ukessays.com/essays/ management/implementing-total-quality-management-in-higher- education-management-essay.php

Ullah, W., Jehan, N., Malik, M. F., & Ali, A. (2018). The Impact of Total Quality Management (TQM) in Higher Education: A Qualitative Insight of Higher Education in Universities. *Journal of Managerial Sciences, 11*(03), 446–458.

Vermeulen, F. (2017). *The most popular strategies companies use to save money also kill innovation*. Quartz. https://qz.com/work/1134910/six-sigma-and-other-popular-management-strategies-kill-innovation/

國家圖書館出版品預行編目（CIP）資料

以王道示大學永續經營：陽明交通大學永續創新之路 / 蘇信寧
　主編 . -- 初版 . -- 臺北市：元華文創股份有限公司，2023.03
　面；　公分
　ISBN 978-957-711-299-6(平裝)

1.CST: 國立陽明交通大學 2.CST: 學校管理
3.CST: 學校行政 4.CST: 高等教育

525.6　　　　　　　　　　　　　　　　112001778

以王道示大學永續經營
──陽明交通大學永續創新之路

主　　編：蘇信寧
作　　者：蘇信寧　鍾惠民　周蘊慈　阮紅玉　黃煜淳　李欣秝
　　　　　許齡芸　詹華霆　陳皓辰　陳冠蓉　梁國珊

發 行 人：賴洋助
出 版 者：元華文創股份有限公司
聯絡地址：100 臺北市中正區重慶南路二段 51 號 5 樓
公司地址：新竹縣竹北市台元一街 8 號 5 樓之 7
電　　話：(02) 2351-1607
傳　　真：(02) 2351-1549
網　　址：www.eculture.com.tw
E - m a i l：service@eculture.com.tw
主　　編：李欣芳
責任編輯：立欣
美術設計：連紫吟、曹任華
行銷業務：林宜葶
出版年月：2023 年 03 月 初版
定　　價：新臺幣 350 元
I S B N：978-957-711-299-6（平裝）
總 經 銷：聯合發行股份有限公司
地　　址：231 新北市新店區寶橋路 235 巷 6 弄 6 號 4F
電　　話：(02)2917-8022
傳　　真：(02)2915-6275